Antonia und Matthias Schwarzkopf

Glücksorte
in der Welterberegion
Wartburg Hainich

Fahr hin & werd glücklich

D

Dieses
Glücksbuch
ist für

Liebe Glücksuchende,

wildes Naturerleben oder faszinierende Hochkultur? Beides! Versteckte Geheimnisse oder Weltberühmtheiten? Beides! Dass die Region im Herzen Deutschlands zugleich ein WeltNATURerbe und ein WeltKULTURerbe zu bieten hat, verrät schon vieles. Facettenreich und unerwartet bietet sie ein abwechslungsreiches Büfett voller Glücksmomente: märchenhafte Schlösser, eine Drachenschlucht, verwunschene Baumriesen und sagenhafte Feenwälder. Nur ein Wildkatzensprung liegt zwischen der kulturhistorisch bedeutenden Wartburg und der werdenden Wildnis des Nationalparks Hainich. Übrigens kann man hier auch Johann Sebastian Bach, Martin Luther und Theodor Storm auf Augenhöhe begegnen. Schon mal im Blätterdach des Waldes gewandelt und übernachtet? Oder einen Ort besucht, an dem Alltagsgegenstände zu moderner Architektur werden?
Wir zeigen Ihnen, wie viel Erfüllendes und Inspirierendes uns umgibt und wie beglückend es ist, all das zu genießen. Unsere Insider-Tipps zeigen die Welterberegion Wartburg Hainich, wie Sie sie noch nie gesehen haben.

Antonia und Matthias Schwarzkopf

Deine Glücksorte …

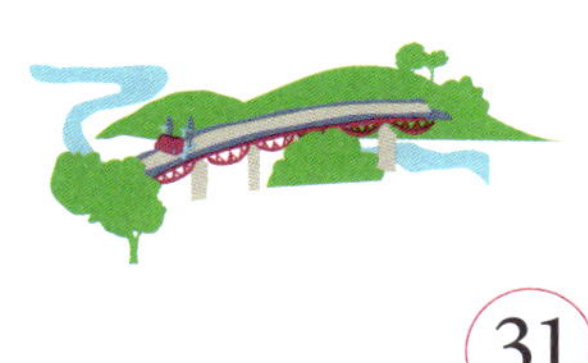

… noch mehr Glück für dich

Glück auf hohem Niveau

Unterwegs in den Baumwipfeln des Hainich

Herz und beliebtestes Ausflugsziel des Hainich ist der Baumkronenpfad. Er krönt den Nationalpark. Von hier aus kann man am besten die sanft wogende Pracht des grünen Blätterdachs erleben. Wie ein Eichhörnchen streift man zwischen den Ästen umher, nimmt eine neue Perspektive ein, ist den hier oben lebenden Spechten und Schillerfaltern, den Quartieren der Fledermäuse und den Wildkatzen ganz nah. Und das entspannt barrierefrei. Der Rundgang startet auf 10 Meter Höhe und steigt dann sanft an auf 24 Meter. In dieser sonst verborgenen Welt bekommt man ein ganz neues „Baumgefühl". Der Blick nach unten macht ehrfürchtig. Was ein in diese Höhe gewachsener Baum wohl schon alles gesehen hat? Lustvoll lässt sich die Strukturvielfalt des Hainich entdecken, wenn die kleinen Äste und zarten Blätter verschiedener Bäume über das Geländer ragen. Wer erkennt, welcher Baum hier grüßt?

Der weithin sichtbare Aussichtsturm in der Mitte des Weges führt gut 40 Meter über den Waldboden. Dieser Blick ist ein eindrückliches Erlebnis im jahreszeitlichen Wandel.

Tief hinab geht es in der Wurzelhöhle an der Thiemsburg: Klein wie ein Käfer wird der Glücksuchende „geschrumpft" und erfährt vieles über das Universum unter den Bäumen aus der Perspektive seiner Bewohner. Zum Anfassen und mit interaktiven Elementen wird spürbar, dass die Kraft der Natur, das Ringen der Bäume um Licht, Wasser und Nahrung hier beginnt: in den ungestört ablaufenden Prozessen im Waldboden. Besonders erfolgreich gelingt das im Hainich der Rotbuche. Sie ist durchsetzungsstark und anpassungsfähig, kann 40 Meter hoch und 400 Jahre alt werden. Wer die Buche und ihre Mitbewohner nun von der Krone bis zur Wurzelspitze kennengelernt hat, kann sie schließlich noch auf fabelhafte Weise entdecken. Kinder werden im „Reich des Fagati" unterhalten. Kein herkömmlicher Spielplatz, sondern eine Abenteuerlandschaft erwartet sie – mit geheimnisvollen Waldwesen und mystischen Naturerscheinungen.

TIPP
Mutige klettern wildkatzengleich über schaukelnde Hängebrücken und nervenkitzelnde Netze.

- Baumkronenpfad, 99991 Unstrut-Hainich OT Alterstedt, Tel. (0 36 03) 82 58 43 baumkronen-pfad.de
- ÖPNV: Nationalparkbus, Haltestelle Thiemsburg

Klangwelten erleben

Bubblechairs im Bachmuseum Eisenach

Das Knarzen der historischen Dielenfußböden, der exklusive Klang des Silbermann-Spinetts – stündlich live gespielt –, die imposante Akustik des begehbaren Musikstücks und nicht zuletzt das beglückende Musikerlebnis in einem der avantgardistischen Bubblechairs: „Im Bachhaus darf die Musik niemals schweigen", so der zweite Bachhausdirektor Conrad Freyse. Genau das macht den Reiz eines Besuches dieses einzigartigen Musikermuseums aus. Überall ist Klang. Überall ist Bach. Sein Schaffen, seine innere und äußere Welt, werden als Erlebnis inszeniert.
So vielfältig die auditiven und interaktiven Zugänge zu Johann Sebastian Bach, seinem Werk und seiner Rezeption sind, so facettenreich war auch dessen musikalisches Œuvre. Überwältigend, majestätisch, überraschend, heiter, tröstlich, sinnlich – Bachs Musik berührt alle Seiten des Menschseins. Sie berührt das Herz. Jedes nur vorstellbare menschliche Gefühl hat er in technisch raffinierter und auch innovativer Weise zu Musik geformt. Fast alle Instrumente, die es damals gab, hat er eingesetzt. In fast allen musikalischen Gattungen hat er außergewöhnliche Beiträge geleistet. Dieses Museum erweist sich seiner würdig. Schon beim Betreten der Ausstellungsräume ist der wohl berühmteste Komponist der Welt im Wortsinn zum Greifen nah: Die schwere Holztür zu seiner ehemaligen Wohnung in der Leipziger Thomasschule steht weit offen. Ein besonderer Glücksmoment ist es, den Türgriff, den Bach über 27 Jahre hinweg vielleicht sogar täglich nutzte, mit den eigenen Händen zu fassen.
Der Besuch endet mit Hörbeispielen der erstaunlich bunten Rezeptionsgeschichte bachscher Klangwelten. „Bach goes to town" swingt Benny Goodmans Klarinette aus den Kopfhörern. Ein letzter faszinierter Blick gilt einem Kunstwerk Benjamin Samuels. Er ordnet Farben Tönen zu und macht so die Harmonik der bachschen Goldberg Variationen in spektralfarbenen Reihen sichtbar. So geht man abschließend beschwingt und inspiriert die Stufen des bemerkenswerten Neubaus hinunter.

TIPP

Eine Pause in der Lindenlaube oder gleich ein Sommerkonzert im herrlichen Garten genießen.

● Bachhaus Eisenach, Frauenplan 21, 99817 Eisenach, Tel. (0 36 91) 7 93 40
bachhaus.de
● ÖPNV: Haltestelle Wandelhalle

Klarheit finden

Im Christus-Pavillon des Klosters Volkenroda

Ruhe ausstrahlen. Zur Ruhe bringen. Das Herz erheben. Dazu trägt die bewusste Harmonie der Maße bei, nach denen Zisterzienser beim Bau ihrer Klosterkirchen strebten. Die „Geometrie der Stille" sollte ein Haus für die Seele der Menschen bereithalten. Das Quadrat als Idealform dieser Idee findet sich daher auch in den erhaltenen Fragmenten der romanischen Kirche wieder, die einst Mittelpunkt des klösterlichen Lebens der Zisterzienserabtei Volkenroda war. Bernhard von Clairvaux, berühmtester und einflussreichster Abt des Ordens, träumte gar von einem Kubus als Kirche. Seinerzeit undenkbar. Wie ehrfürchtig würde er wohl heute vor dem in Stahl und Glas verwirklichten Christus-Pavillon stehen. Nicht weniger brachte er die Gäste der Expo 2000 in Hannover zum Staunen. Für diese Weltausstellung wurde er entworfen und anschließend als Bausatz nach Volkenroda transportiert und aufgebaut. Dieser Kirchenbau regt in vielerlei Hinsicht zum Nachdenken und Diskutieren an. Und genau das soll er auch. Denn worüber sich Gedanken gemacht wird, das bleibt haften, geht einem nach. War der Kreuzgang im Mittelalter das Herzstück eines Klosters, so betritt man ihn in diesem Pavillon als Erstes. Diese Kirche stellt sich der „offenen Gesellschaft", zeigt sich einsichtig und auch verletzlich. Die quadratischen Glaselemente ihrer Außenhaut veranstalten geradezu ein Lichtspiel. Sie sind mit scheinbar banalen Alltagsgegenständen gefüllt – mit Glühbirnen, Zahnbürsten und Zucker, aber auch mit Naturmaterialien, wie Tannenzapfen oder Holzscheiben. Die „Ästhetik des Einfachen" entfaltet sich unerwartet, wenn das Licht einfällt. All diese Gegenstände erscheinen im Wortsinn in einem ganz anderen Licht, als sie es im Alltag tun. Das Spiel mit dem Licht haben schon die Zisterzienser eingesetzt, wissend, dass es das Empfindungsleben zur Ruhe bringt.
In einer von äußeren Reizen überfluteten Zeit bietet die Klarheit des Innenraums eine wohltuende Erfahrung. Hier kann die Seele eine Atempause machen.

TIPP
Ein Besuch im Atelier der Künstlerin Petra Arndt gleich nebenan lohnt.

● Kloster Volkenroda, Amtshof 3, 99998 Volkenroda, Tel. (03 60 25) 55 90
kloster-volkenroda.de
● ÖPNV: Haltestelle Volkenroda/Körner

Alte Mauern neu belebt

Mühlhausens Stadtbibliothek in der Kirche

Wie ein Schiff in fantastische Welten treibend, liegt die Jakobikirche am Rande der Altstadt von Mühlhausen. Heute befindet sich darin eine außergewöhnliche Stadtbibliothek.

Das Reich der menschlichen Vorstellungskraft und Erkundungsfreude kann jeder hier für sich entdecken – zwischen Buchdeckeln, auf verschiedenen Tonträgern oder in Filmen. Mit nach Hause nehmen oder gleich genießen und dabei die einzigartige Innengestaltung auf sich wirken lassen! Letztere ist gleichzeitig gemütlich und modern, verwebt die mittelalterlichen Strukturen und bunten Glasfenster mit der Ästhetik gelungener zeitgenössischer Innenarchitektur. Nicht Wände, sondern eine luftige Etagenkonstruktion aus Holz und Stahl wurde in das Kirchenschiff gebaut – der Form eines Schiffes nachempfunden. Dafür wird dieses neu interpretierte Gotteshaus inzwischen überregional bestaunt. Ein Glück für diese imposante Kirche, die damit eine neue gemeinnützige Aufgabe bekommen hat – so wie jede der immerhin elf gotischen Kirchen der Stadt. Und zum Glück für die Mühlhäuser, denen ein solcher Ort der Ruhe, aber auch der Begegnung geschenkt wurde. Hier kann man nicht nur nach dem nächsten Leckerbissen für gemütliches Schmökern suchen. Kinder lieben es, sich in der bunten Leseecke vorlesen zu lassen. Und für den nächsten Mädelsabend findet manche hier den passenden Film. Dazu gibt es noch ein vielseitiges Angebot an Autorenlesungen, Ausstellungen, Vorträgen und Konzerten, für die der neu gestaltete Kirchenraum ein stilvoller Veranstaltungsort ist. St. Jakobi steht bereits seit 1296 an ihrem Platz. Wie Neugierige durch die im Boden eingelassenen „Archäologischen Fenster“ entdecken können, wurde sie auf den Fundamenten mehrerer älterer Vorgänger erbaut. Heute wird dort engagiert in die Generationen von morgen investiert: Das Bibliotheksteam hat sich besonders der Leseförderung verschrieben.

Eines kann man hier in jedem Fall: den hektischen Alltag für einen Moment draußen lassen. Hinter dieser Kirchenpforte wartet das Glück!

TIPP

Die ausgewählte Lektüre bei einer Tasse Fairtrade-Kaffee im „Biocafé Kunst und Kram“ genießen.

- Stadtbibliothek Mühlhausen, St. Jacobi 1, 99974 Mühlhausen/Thüringen, Tel. (0 36 01) 45 24 50, muehlhausen.de
- ÖPNV: Nationalparkbus, Haltestelle Kiliansgraben (ca. 1 Kilometer zu Fuß)

Nomen est omen

Stiftsgut Wilhelmsglücksbrunn

Die Störche klappern es von den Dächern: Hier ist ein Ort zum Glücklichsein. Auf jedem der zum Stiftsgut Wilhelmsglücksbrunn gehörigen Gebäude prangt ein Storchennest. Deren Bewohner segeln über den idyllischen Sitzplatz am Weiher, den weitläufigen Hof mit seinem freundlichen Hofladen, die großzügigen Stallungen für die Milchschafe und die weiten Weideflächen. Auf Letzteren grasen neben Wasserbüffeln auch Thüringer Kaltblutpferde. Sie pflegen die ausgedehnte Auenlandschaft des umliegenden Naturschutzgebietes und erhalten so die Artenvielfalt der Feuchtwiesen nahe Creuzburg. Dank einer seltenen Binnensalzstelle hat sich hier ein Paradies für Vögel und Salzpflanzen entwickelt. Aber auch für alle Menschen, die sich hochwertige Lebensmittel in Bioqualität oder einfach eine entspannte Auszeit gönnen möchten.

Willhelmsglücksbrunn, das ist auch ein Ort für Visionen. Bis in die 2000er-Jahre hinein war das Gutshaus noch völlig verfallen. Heute ist das Anwesen ein vorzeigenswertes Erfolgsprojekt, das nicht nur gerne von Radfahrern besucht wird, die auf dem Werra-Radweg hier entlangkommen. Auch Landwirtschafts- oder Umweltminister kommen hier vorbei, um dieses gelungene Beispiel nachhaltiger Flurbereinigung zu bewundern. Das Stiftsgut zeigt, wie Landwirtschaft, Wasserwirtschaft, Naturschutz und Tourismus umwelt- und ressourcenschonend in Einklang gebracht werden können. Auf die hier gezeigte Weise können gleichzeitig auch noch Hochwasserschutz und die Entwicklung von ländlichen Räumen hin zu etwas Zukunftsweisendem gelingen. Die Agrarflächen und Weiden liegen direkt am Gut, sodass lange Transportwege entfallen und die Tiere mit allem versorgt werden können, was sie brauchen. In der prämierten Käserei werden Schafskäse und andere Milchprodukte hergestellt, die anschließend im Hofladen gekauft werden können. Hier entdeckt man auch ausgefallene Spezialitäten und vor Ort hergestellte Wurstwaren aus dem Fleisch der Wasserbüffel. Und zu alldem das Konzert der Störche.

TIPP

Im gutseigenen Biohotel kann man wunderbar nächtigen oder Räume für Feiern und Tagungen anmieten.

- Stiftsgut Wilhelmsglücksbrunn, 99831 Creuzburg, Tel. (03 69 26) 710 03 20 wilhelmsglueckbrunn.de
- ÖPNV: Haltestelle Creuzburg (ca. 30 Minuten zu Fuß)

Das Glück der Fülle

Bärlauchteppich im Hainich

Jedes Jahr im zeitigen Frühjahr umweht ein würziger Geruch die Bäume des Hainich. Dann nämlich nutzt der Bärlauch die Kraft der Sonne, die im Vorfrühling noch ungehindert bis zum Waldboden vordringen kann. Als einer der ersten Frühblüher nimmt er zu dieser Zeit große Teile des Hainich in Besitz. Sattes Grün, das die Sinne belebt.

In einem Nationalpark wie dem Hainich spazieren zu gehen, bedeutet, dem Schutz der störanfälligen Artengemeinschaft, die diesen Wald zum Schatz macht, Rechnung zu tragen. Dazu gehört auch, dass nichts in den Wald hineingetragen werden sollte, außer der Sehnsucht nach Ursprünglichkeit und Erholung. Und nichts von dort mitgenommen werden darf, außer Wohlgefühl und erbaulichen Eindrücken. Spaziert man durch den endlos wirkenden Bärlauchteppich, der sich im März und April wie ein See durch den Hainich ergießt, bekommt man allerdings schon Lust, das ein oder andere Blättchen zu sammeln. Das ist in geringen Mengen und ausschließlich für den (nicht kommerziellen) Eigenbedarf gestattet – aber nur in den Hainichwaldflächen außerhalb des Nationalparks.

TIPP

Immer Ende März findet ab Landgasthof Alter Bahnhof (Heyerode) eine Bärlauchwanderung statt.

Am frühen Morgen gepflückt, soll der Muntermacher besonders vor Kraft strotzen. Sein kräftiges, an Knoblauch erinnerndes Aroma hebt die Laune – ob als Bärlauchsüppchen oder im Frischkäse genossen, als Pesto oder in der beliebten Bärlauchbutter. Er soll beleben und die noch im Winterschlaf dämmernden Bärenkräfte wecken. Während eine Zeit lang das Gerücht kursierte, dass der bereits blühende Bärlauch giftig sei, weiß man heute (wieder), dass er seine ätherischen Kräfte dann in die Blüte investiert, und daher etwas an Aroma und Wirksamkeit einbüßt. Traditionell wird er daher nur bis zur Walpurgisnacht gesammelt, bevor die „Hexen darübergeflogen“ sind. Notfalls kann er auch in ganzen Blättern für den späteren Verbrauch eingefroren werden. Diese und viele weitere Kenntnisse über die Gewürz- und Heilpflanzen des Waldes erfährt man am besten in geselliger Runde bei einer Kräuterwanderung durch den Hainich.

- Forsthaus Thiemsburg, 99991 Unstrut-Hainich OT Alterstedt, Tel. (0 36 03) 89 56 90, nationalpark-hainich.de
- ÖPNV: Nationalparkbus und Hainichbus, Haltestelle Thiemsburg

Sagenhafter Musikgenuss

Der Sängersaal auf der Wartburg

„In diesem Saale wurde der Sängerstreit gehalten, den 7ten Juli 1207, dem Geburtstag der Heiligen Elisabeth", so macht es die Inschrift auf dem 1838 gemalten Fresko von Moritz von Schwind glaubhaft. Der Überlieferung nach dichteten und sangen die bedeutendsten Minnesänger ihrer Zeit um nichts weniger als das eigene Leben. Dem Verlierer des Wettstreits drohte der Tod. Der literarischen Blüte am Hof des thüringischen Landgrafen wurde mit dieser Sammlung mittelhochdeutscher Spruchgedichte ein Denkmal gesetzt. Diese kulturelle Glanzzeit auf der Wartburg wurde in den dialogischen Strophen zu einem legendären Ereignis verdichtet. Dass es sich dabei um Fiktion handelt, wird schon daran erkennbar, dass den realen Dichtern Wolfram von Eschenbach und Walter von der Vogelweide literarische Figuren als Kontrahenten gegenübergestellt wurden. So beispielsweise Klingsor aus dem Versroman Parzival. In der Zeit der deutschen Romantik wurde der sagenhafte Stoff vom Wettstreit um das beste Fürstenlob wiederentdeckt und in vielfältiger Weise künstlerisch rezipiert. E. T. A. Hoffmann, Novalis und nicht zuletzt Richard Wagner nutzten die Erzählung für eigene Werke. Letzterer fand die Inspiration zu seinem „Tannhäuser und der Sängerkrieg auf der Wartburg" in diesem mittelalterlichen Thriller.

Steht man in dem im 19. Jahrhundert prunkvoll instand gesetzten und ausgestatteten „kleinen" Festsaal des Palas, so umfängt einen goldener Glanz. Den mittelalterlichen Musenhof des Landgrafen Hermann I. kann man sich hier ohne Weiteres lebendig vorstellen.

Heute wird Richard Wagners „Tannhäuser" jedes Jahr auf der Wartburg aufgeführt, ein Stockwerk höher allerdings, im beeindruckend detailreich vertäfelten „großen" Festsaal. Er bietet mehr Platz und ist auch für weitere hier stattfindende Konzerte bestuhlt. Die vollkommene Symbiose von Raum und Musik erlebt hier, wer sich ein Ticket für die halbszenische Aufführung von Wagners romantischer Oper oder eines der zahlreichen anderen Konzerte gesichert hat.

● Wartburg, Auf der Wartburg 1, 99817 Eisenach, Tel. (0 36 91) 25 00
wartburg.de
● ÖPNV: Haltestelle Wartburg

Flussabenteuer

Mit dem Kanu auf der Werra

Man fühlt sich wie Humboldt auf Expedition durch die Mangroven des Amazonas: Das Kanu gleitet über die glatte Wasseroberfläche, in der sich mächtige Uferweiden spiegeln. Ein surreales Bild entsteht, bei dem man kaum mehr unterscheiden kann, was oben und was unten ist. Manchmal hängen die Äste so tief, dass man sie mit den Händen streifen kann, und bilden Verstecke, aus denen allerlei Wasservögel hervorschauen. Legt man das Paddel für einen Moment ab, wird man von friedlicher Ruhe und dem Flirren der Natur umgeben. Ein berührendes Glücksgefühl. Dann wieder gibt es kleine Stromschnellen, die das Kanu mit sich ziehen und das Paddeln erleichtern.

Andreas Obiora, Betreiber der Werra-Touren, schickt Naturbegeisterte beispielsweise von Spichra aus auf eine abwechslungsreiche Wasserwanderung, die von allem etwas zu bieten hat. Andy kennt die schönsten Ecken, erinnerungswürdige Ausblicke und Geheimtipps. Die Werra nimmt die Kanuten anfangs in zügigem Tempo mit, was durchaus motivierend ist. Dann fließt sie vorbei an der mittelalterlichen Höhenburg Creuzburg, die von hier unten stolz und wunderschön aussieht. Unter der Steinbrücke mit ihren historischen Bögen ist es wichtig, die goldene Mitte für die Durchfahrt zu wählen. Im Kanu huscht dann ein erleichtertes Lächeln über die Gesichter, wenn dieses Manöver geglückt ist. Anschließend mäandert der idyllische Flusslauf in großen Schleifen durch das Tal. Das Kanu gleitet vorbei an den mächtig aufragenden Muschelkalkfelsen – ein magischer Anblick. Und die letzten Kilometer? Ist die Besatzung stolz und glücklich, ganze 14 Kilometer geschafft zu haben! Denn man merkt schnell: Das ist eine Teamleistung.

Für die Wasserwanderung stehen vom Kajak für Alleinpaddelnde bis zu ganzen Familienkanus oder Schlauchbooten für gesellige Ausflüge verschiedene Möglichkeiten zur Auswahl. Gestartet werden kann auch ab Mihla, dann führt die Tour Richtung Treffurt. Wer mag, macht mehrtägige Touren mit einer Abenteuerübernachtung im Zelt.

TIPP

Bei Cupcake und Kuchen im Café Glücksmoment in Mihla den Tag ausklingen lassen.

● Werra-Touren, Am Bahnhof 33, 99831 Mihla, Tel. (01 75) 8 92 90 56
werra-touren.de

● ÖPNV: Kulturerlebnisbus, Haltestelle Mihla/Markt

Herzlich willkommen!

Café Schwesterherz in Bad Langensalza

Wie wäre es, wenn es einen Ort gäbe, an dem man mit Freundlichkeit empfangen wird und sich gleich wie zu Hause fühlen darf? Wo die Zeit für einen Moment unwichtig wird und Entschleunigung nicht nur ein Wort ist. Wo man es sich einfach richtig gut gehen und aufs Köstlichste verwöhnen lassen kann. Das von zwei Schwestern mit Liebenswürdigkeit geführte Café in Bad Langensalza ist so ein Wohlfühlort: Die beiden Frauen haben einen Kosmos geschaffen, der Herzlichkeit, Sinn für Schönes und kulinarische Freuden miteinander verbindet. In gemütlicher Wohnzimmeratmosphäre servieren sie selbst gebackene Torten, süße Crêpes, opulente Frühstückskreationen und einen kleinen Mittagsimbiss, für den sie beispielsweise immer neue leckere Quichekompositionen erfinden. Nebenbei kann man aber auch allerlei Hübsches kaufen, das das Leben schöner macht: Alte Kommoden und Küchenschränke sind die perfekte Kulisse für den kleinen Marktplatz, durch den man sich zu seinem Tisch schlängelt. Hier gibt es Geschirr, Postkarten, handgefertigte Spielsachen und Nettigkeiten zum Dekorieren und Verschenken. So kann man bei einer Tasse Hanftee im umstrickten Teeglas oder einem Cappuccino aus der geblümten Kaffeetasse den Blick durch das Café schweifen lassen und dabei immer etwas Neues und vor allem etwas Schönes entdecken. Kaum möglich, nicht irgendwann doch aufzustehen und durch den Laden zu schlendern, um das ein oder andere in die Hand zu nehmen und sich schließlich hinreißen zu lassen, etwas zu erstehen. Zum Beispiel eine Tasse im dänischen Design, um etwas von der warmherzigen Atmosphäre, die man hier erlebt hat, mit nach Hause zu nehmen. Vielleicht noch ein Stück des herrlichen Kuchens dazu, der an der Theke lockt und auch für zu Hause eingepackt werden kann?
Zu einem echten Lieblingsort wird das Café durch die Schwestern selbst. Ihre Vision: ihre Gäste mit einer Auszeit zu beschenken, einem kleinen Gute-Laune-Urlaub, um den Alltag hinter sich zu lassen. Das gelingt ihnen jeden Tag auf Neue.

TIPP

Nebenan lädt der Erprobungsraum zu vielfältigen kulturellen Veranstaltungen, Projekten und einmaligen Aktionen ein.

- Café Schwesterherz, Mühlhäuser Straße 2, 99947 Bad Langensalza, Tel. (0 36 03) 3 98 93 45, cafe-schwesterherz.jimdofree.com
- ÖPNV: Haltestelle Wiebeckplatz (etwa 200 Meter zu Fuß)

Drachen und Prinzessinnen

Wildromantische Drachenschlucht bei Eisenach

Hinter jedem Felsen, hinter jeder Biegung könnte ein Drache darauf warten, die Wandernden zu erschrecken. Heute jedoch muss niemand mehr dem heiligen Georg gleich – dem Schutzpatron der Stadt Eisenach – gegen den riesigen Lindwurm kämpfen, der einst der Sage nach zwischen den Felsen hauste. Obwohl, einige der rund geschliffenen Felsen sehen geradewegs wie riesige Dracheneier aus. Bewachsen von Moosen und Farnen warten sie darauf, dass das Zeitalter der Märchen und Wunder wiederkehrt. Ein echtes Naturwunder sind die bizarren Eisformationen, die sich im Winter ausbreiten. Hier erwartet Glücksuchende ein magisches Naturerlebnis. An einigen Stellen ist der Durchgang durch die kühlen Felsen nur schulterbreit. Unter den Füßen rauscht ein Bach, über den Gitterstege und Holzbrücken führen.

Lithografien von 1833 zeigen, dass das Annatal zu den ganz frühen Touristenmagneten gehörte. Lustwandelnde gelangten zu dieser Zeit allerdings noch nicht weiter als bis zum Wasserfall. Aber schon ein Jahrzehnt später wurde die wildromantische Natur rund um die Wartburg nach ästhetischen Vorstellungen gestaltet. Wanderwege wurden angelegt, die sich pittoresk in die schöne Forst- und Felslandschaft einpassten. Außerdem wurden Sichtfenster zur Wartburg geschaffen. Forstrat Gottlob König machte dafür auch Schluchten durch Felssprengungen zugänglich. Die enge Klamm des Annatals wurde in diesem Zuge ebenfalls freier gestaltet und um eine Bachüberbrückung bereichert. Und ihr wurde ein neuer Name gegeben: Drachenschlucht. Einst war Anna Pawlowna, die Kronprinzessin der Niederlande und Schwester der berühmten Maria Pawlowna, Namenspatin für das Tal. Sie fand auf dem Promenadenweg eine schattige Zuflucht vor der Sommerhitze und verliebte sich in das malerische Tal. Noch heute ist das auf sie verweisende „A" am Beginn des Wanderweges durch die Schlucht sichtbar.
A wie Abenteuer!

TIPP

Nebenan warten Landgrafenschlucht und Ludwigsklamm mit breiteren, weniger frequentierten Wegen auf.

Drachenschlucht, Mariental, 99817 Eisenach
eisenach.info
ÖPNV: Haltestelle Drachenschlucht

Ein Ort der Lebensfreude

Parkanlage und Barockschloss Wilhelmsthal

Wald, Wasser, Wild: Dieses Tal bietet alles, was es braucht, damit sich Landesfürsten immer wieder aufs Neue in diesen Ort verlieben konnten. Beglückende und erholsam besinnliche Stunden verbrachten sie seit dem 16. Jahrhundert in dieser befreienden Abgeschiedenheit. Abseits vom aufgezwungenen Hofzeremoniell und verpflichtungsreicher Enge gab man sich dem Müßiggang und der Belustigung hin, frönte der Jagdlust auf Wildschweine und Elche.
Mit Herzog Johann Wilhelm von Sachsen-Eisenach erlebte Eisenach ein „Goldenes Zeitalter“ und Schloss Wilhelmsthal eine kulturelle Blüte. Der Herzog liebäugelte mit absolutistischer Alleinherrschaft, was seinerzeit en vogue war. Sein Lustschloss sollte ein ebenso außergewöhnliches, künstlich geschaffenes Paradies sein wie das des französischen „Sonnenkönigs“ Ludwig XIV. in Marly-le-Roi. Statt eines großen Schlossgebäudes wurde eine Prachtstraße errichtet, an welcher sich einzelne paarweise gegenübergestellte Pavillons zu einem Gesamtkunstwerk aufreihen. So entstand auch der einzige bis heute erhaltene frei stehende Konzertsaal dieser Epoche: der Telemannsaal. Benannt nach einem Popstar des 17. Jahrhunderts! Werke Georg Philipp Telemanns wurden hier uraufgeführt – zum Beispiel anlässlich des Geburtstags der Herzogin. Als erster Hofkapellmeister in Eisenach war er dem Fürstenpaar freundschaftlich verbunden und durfte sich im schöngeistigen Wilhelmsthal künstlerisch entfalten.
Ein anderer historischer Superstar begleitete später die Gestaltung des weitläufigen Parks: Johann Wolfgang von Goethe verliebte sich schnell in das „schöne Grün“ des Tals. Ganz im Sinne des neuen, gefühlsbetonten Naturverständnisses der Romantik wurde der zuvor in symmetrischen Einheiten angelegte Schlossgarten zu einem schier unbegrenzten Park der Natürlichkeit umgestaltet. Nach englischem Vorbild verlaufen die Wege nun in langen Linien durch von Baumgruppen gegliederte Wiesenflächen entlang des großen Parksees. Ein ästhetischer wie emotionaler Genuss – bis heute.

TIPP

Bei einer Führung kann der aufwendige Restaurationsprozess des Schlosses mitverfolgt werden.

● Schloss Wilhelmsthal, 99817 Eisenach, Tel. (03 69 21) 17 01 60
schloss-wilhelmsthal.de
● ÖPNV: Haltestelle Wilhelmsthal Schloss

Harmonie der Stille

Japanischer Garten Bad Langensalza

„Kofuku no niwa" – dieser Ort der Achtsamkeit und Ausgewogenheit verspricht nicht weniger, als ein „Garten der Glückseligkeit" zu sein. Umfangen von der Klarheit und Harmonie der Strukturen, Farben, Formen und Texturen klärt sich der Geist. Innere Ruhe entfaltet sich – ein wahrlich beglückendes Gefühl.

Ein Rundgang über die sorgfältig angelegten Wege vorbei an üppiger Flora, plätschernden Wassern und kunstvoll platzierten Holzelementen ist ein ästhetischer Genuss, der die Sinne anspricht und schärft. Der Japanische Garten in Bad Langensalza ist unter der großen Auswahl an Themengärten, die die „Rosenstadt" zu bieten hat, ein besonderes Highlight. Mit Sorgfalt und Aufmerksamkeit für Nuancen gestaltet, wird er auch von japanischen Gästen als besonders authentisch gelobt.

TIPP

In den imposanten Pavillons des Gartens finden regelmäßig traditionelle Teezeremonien statt.

Mit Pflanzen und traditionellen Details fernöstlicher Gartenkunst wurde von den Gestaltern eine vielfältige Landschaft erschaffen. Sie zelebriert die Schönheit der Jahreszeiten im Frühjahr mit einem Meer aus Kirschblüten, im Sommer mit einer beeindruckenden Azaleenlandschaft und im Herbst mit dem flammenden Rot der Ahornbäume. Dem Sehnen nach einem harmonischen Gleichgewicht zwischen Mensch und Natur wird auch allegorisch Ausdruck verliehen. Steinen als Symbol für Stärke und Beständigkeit, für Stabilität und Ausdauer begegnet man im „Garten des Erwachens". Hier fühlt man sich dem Quell des Lebens nah. Der kreisförmig angelegte Kiesgarten mit dem großen Holzelement, das in prächtigem Rot leuchtet, inszeniert in beeindruckender Weise den einzigartigen über 70 Jahre alten Urweltmammutbaumwald, der hier integriert wurde. Wasser als Sinnbild der Reinheit, Erneuerung und Klarheit nimmt einen zentralen Platz ein. Die große Teichfläche, unter deren spiegelnder Oberfläche farbenprächtige Kois schillern, kann über einen Zickzacksteg begangen werden. Böse Geister sollen davon verwirrt und abgeschüttelt werden. Ebenso wie die Hektik des Alltags. Körper, Geist und Seele erfahren eine spirituelle Erneuerung.

- Japanischer Garten, Kurpromenade 15, 99947 Bad Langensalza, Tel. (0 36 03) 83 44 24, badlangensalza.de
- ÖPNV: Haltestelle Wiebeckplatz (ca. 1 Kilometer zu Fuß)

Design Refugium

Wunschlos glücklich im Premiumchalet

Her mit dem schönen Leben! Wenn sich die Morgensonne langsam und golden über den Horizont der weiten Landschaft schiebt, ist das ein magischer Anblick. Dazu im Hintergrund das betörende Konzert der Vögel. Und darüber grenzenloses Blau, schwereloses Wolkenspiel. Das Glück ist ein Morgen unter der Weite dieses Himmels. Alles wirkt klar, groß, beruhigend und im Einklang mit der Umgebung. Durch die großen Glasfenster flutet der Morgen das Chalet mit warmem Licht. Der Abend senkt sich mit friedlicher Stille auf die großzügige Terrasse. Das Holzinterieur im Inneren umfängt Glücksuchende mit wohliger Behaglichkeit. Die helle, freundliche Einrichtung und die moderne Ausstattung verraten Liebe zum Detail, zu Nachhaltigkeit und Regionalität. Schon der Empfang ist herzlich: Eine Willkommenskiste mit regionalen Leckereien steht auf dem Tisch bereit. Daneben ein Wunschzettel, der drei verschiedene Frühstückskisten offeriert, die am Morgen ans Chalet gebracht werden. Überhaupt bleiben hier keine Wünsche offen: Ruhe, Zweisamkeit, Entschleunigung, die Akkus aufladen – hier findet man Raum für eine gelungene Auszeit.

Wer Lust und Laune zum Grillen hat, dem steht eine Grillstelle zur Verfügung, für die man auf Nachfrage Holz bekommt. Ein Jacuzzi auf der Terrasse lädt zu entspannter Wellness bei famoser Aussicht ein. Das großzügige Badezimmer hält eine Infrarotkabine bereit – private Wellness für Rücken und Immunsystem. Eine Massage gibt es auf Anfrage. Ebenso die Möglichkeiten, Yoga unter fachkundiger Anleitung auf der Terrasse zu praktizieren, sich von einem Koch ein individuelles Abendessen im Chalet zubereiten zu lassen oder gemeinsam mit einem echten Ranger die Flora und Fauna des Hainich zu entdecken. Auch Fahrräder für eine Tour durch den Hainich können gestellt werden.

Sonst noch Wünsche? Es gibt wahrscheinlich kaum einen, den die netten Gastgeberinnen nicht versuchen würden, zu erfüllen. Von diesem Glück träumt man noch lange.

TIPP

Die Fuchsfarm mit deftig leckerem Speisenangebot liegt unmittelbar vor den Toren der Hainichhöfe.

● Hainichhöfe Premiumchalets, Ihlefelder Straße, 99991 Mülverstedt, Tel. (01 52) 04 58 54 87, hainichhoefe.de

● ÖPNV: Haltestelle Mülverstedt (ca. 500 Meter zu Fuß)

Waldlebensfülle entdecken

Pfad der Begegnung am Hünenteich

Mitten im Wald ein Teich, auf dem Enten schnattern und die Ufer mit prächtigen hellgelb blühenden Wasserschwertlilien und duftender Wasserminze gesäumt sind. Zitronenfalter und Kaisermantel tanzen an sonnigen Tagen durch die Luft. Bergmolche und andere Amphibien laichen hier. Dazu klopft der Specht sein Konzert. Dieses Idyll ist deshalb so besonders, weil der Hainich ein Karstgebiet ist, in dem eigentlich Wassermangel herrscht. Schon auf dem Weg von der Fuchsfarm hierher kommt man an so einer seltenen Wasserstelle vorbei. Im sogenannten Erlenbruch ist es der im Hainich dominanten Rotbuche zu nass. Schwarz- und Grauerlen haben diesen Platz für sich erobert und trotzen dem stark wechselnden Wasserstand mit beeindruckenden Stelzwurzeln. Mit den Füßen im Wasser und dem prächtigen Grün ihrer Blätter strotzen sie vor Lebenskraft.

TIPP

Noch mehr Schätze gibt es bei einer Geocache-Suche entlang des Wanderwegs zu entdecken.

Der Parkplatz Fuchsfarm ist ein guter Startpunkt – man muss sich nur entscheiden, ob man vor oder nach dem ungefähr 5 Kilometer langen Rundweg in der Brotzeit-Hütte eine Erfrischung oder einen Imbiss genießen möchte. Hier kann man herrlich in der Sonne sitzen oder drinnen die kuschelige Wärme genießen. Auch für Reh und Rothirsch, Wacholderdrossel und Grünspecht ist der Tisch reich gedeckt. Denn an diesem Eingang zum Nationalpark befand sich einstmals eine Streuobstwiese. Die fast 100-jährigen Baumgestalten kann man im Frühling an ihrem duftenden Blütenkleid, im Sommer und Herbst an den gelb und rot strahlenden Äpfeln oder Kirschen erkennen.

„Lassen Sie den Alltag mit seinen Gewohnheiten, Zwängen und Zerstreuungen vor dem Tor zurück." So lädt der Pfad der Begegnung, auf dem man zum Hünenteich ein Stück entlangwandert, dazu ein, Wohlfühlzeit hier zu verbringen. Rund um den Hünenteich lassen sich viele Spuren vergangener Zeiten entdecken. Tief im Wald zeugen Hünengräber, Wüstungen alter Siedlungen und die Wälle der Hünenburg – einer spätmittelalterlichen Sperranlage – von der frühen menschlichen Nutzung des Ortes.

- Pfad der Begegnung, 99991 Mülverstedt
  nationalpark-hainich.de
- ÖPNV: Nationalparkbus, Haltestelle Mülverstedt (ca. 500 Meter zu Fuß)

Krone einer Stadt

Die Kirche St. Marien in Mühlhausen

Drachen, Einhörner, radikale Utopisten, versteckte Rebhühner und ein lebensechter Kaiser – das Wahrzeichen der Stadt Mühlhausen steckt voller Überraschungen. Filigran und doch gewaltig ragt die Marienkirche in den Himmel empor und scheint ihn zu berühren. Ihre aufstrebenden Säulen scheinen die Herzen der Menschen nach oben zu ziehen, in himmlische Sphären, und etwas vom göttlichen Glanz auf die Erde zu holen. Glanz, Erleuchtung, Licht! Viel mehr Licht sollte durch die Architektur der Gotik in die irdische Düsternis vordringen. Wer schon früh am Tag die Marienkirche besucht, kann das faszinierende Mosaik der Farben erleben, das die Morgensonne in den Kirchenraum zaubert. Im diesem hoffnungsvollen Licht hat 1524 bereits Thomas Müntzer seine Ideen einer neuen christlichen Weltordnung gepredigt. Seinem reformatorischen Wirken und seinem wegweisenden Einfluss auf die Bauernkriege ist eine Ausstellung in St. Marien gewidmet. In einer überaus sehenswerten Sonderausstellung zeigen sich Drachen, Einhörner und andere magische Vorstellungen des Mittelalters.

Besonders eindrucksvoll muss aber bereits der Gang in die Kirche für die Menschen gewesen sein. Keine Geringeren als der Kaiser und die Kaiserin selbst schauen über dem südlichen Eingangsportal auf die Eintretenden herab. Einst prächtig koloriert, müssen die steinernen Skulpturen überaus lebendig davon gezeugt haben, dass Mühlhausen als Freie Reichsstadt direkt dem Kaiser unterstellt war. Privilegien und Wohlstand wurden der Stadt damit verliehen.

Und die Rebhühner? Auch dieser prächtige Sakralbau wurde einst von den gestaltenden Händen der Steinmetze erschaffen. Sie haben ihre individuellen Spuren hinterlassen, von denen einige an der Fassade der Kirche entdeckt werden können. Wer aufmerksam hinschaut, kann drei steinerne Rebhühner aufspüren. Vom Mittelturm herab blicken wundersame Drachen und andere fabelhafte Beschützer der Kirche, die an die wasserspeienden Wächter französischer Kathedralen erinnern.

TIPP
Die Ausstellung zu den Bauernkriegen in der unweit gelegenen Kornmarktkirche ist ebenso sehenswert.

● Marienkirche, 99974 Mühlhausen, Tel. (0 36 01) 8 56 60
muelhausen.de
● ÖPNV: Haltestelle ZOB (ca. 300 Meter zu Fuß)

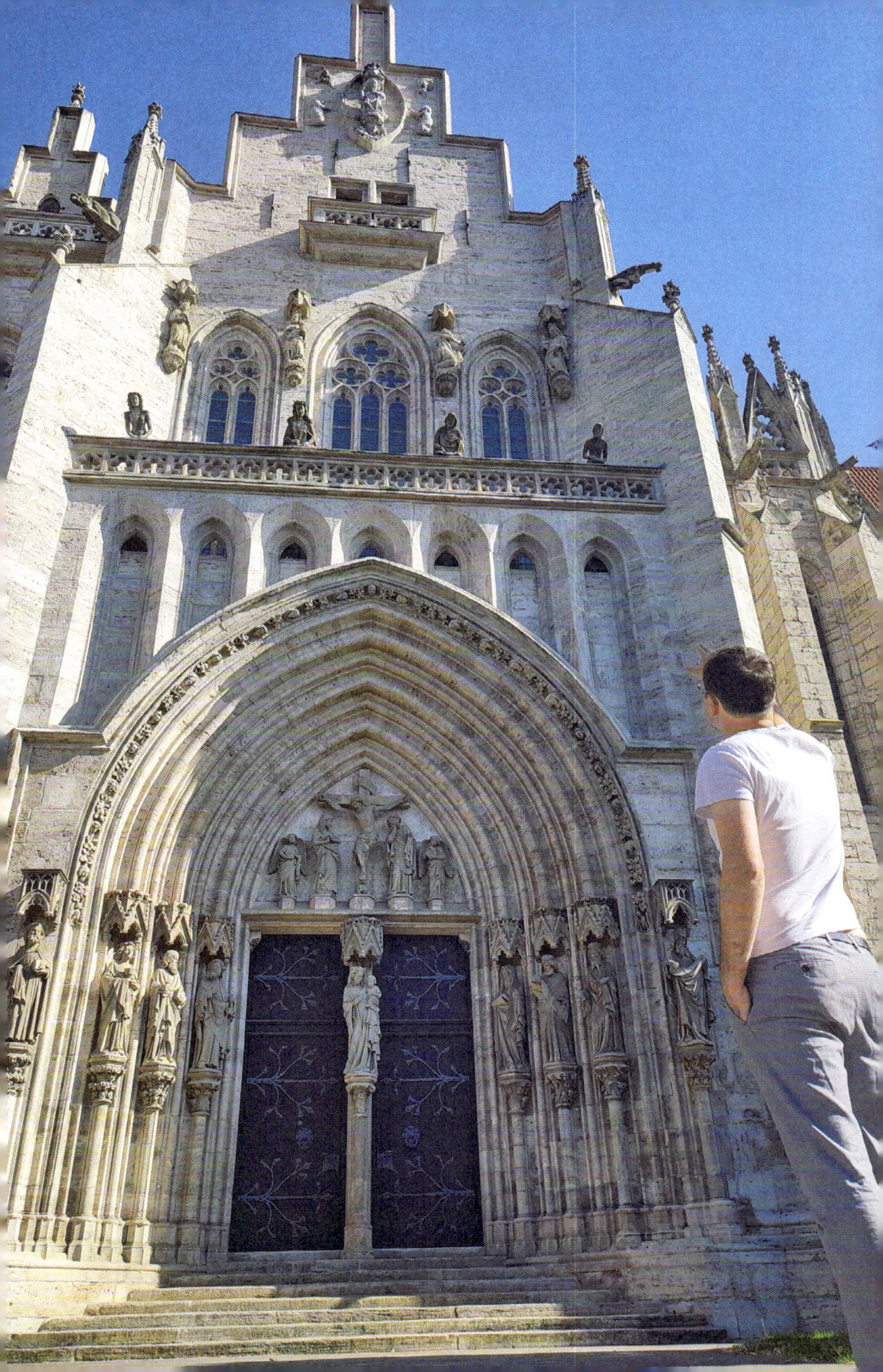

Schaufenster zur Urzeit

Saurier-Ausgrabungsstätte und -Erlebnispfad

„I am not a dinosaur!" steht auf dem Shirt von Paläontologe Dr. Thomas Martens. Darunter das Bild eines Ursauriers mit prächtigem Rückensegel, gefunden am Bromacker. Ursaurier lebten lange vor den Dinosauriern und den Säugetieren. In einer weltweit einzigartigen Häufung und Gleichzeitigkeit hat Thomas Martens ihre versteinerten Fußspuren, Hautabdrücke, aber auch fossile Pflanzen und anderen paläontologischen Kostbarkeiten entdeckt. Wie eine steinerne Fotografie einer untergegangenen Welt bilden diese Funde ein vollständig erhaltenes und nahezu modernes Landökosystem ab. Ähnliche Saurierfunde in Nordamerika belegen die frühere Verbindung aller Landmassen im „Erdaltertum", als sie den Superkontinent Pangäa bildeten.

Vor über 50 Jahren stieß der inzwischen pensionierte Paläontologe unerwartet auf diese fossilen Kostbarkeiten, deren bedeutendes Ausmaß damals noch niemand erahnte. Wenn Paläontologen heute eine weitere Sensation aus dem Stein bergen, ist das Glücksgefühl genauso groß wie beim ersten Fund. Dieses Glück teilen sie gern mit der Öffentlichkeit. Während der Sommergrabungen kann man vorbeischauen und bekommt freundlich und fachkundig Antworten auf Fragen, die man mitbringt. Die fast täglichen öffentlichen Führungen werden von Interessierten aller Altersklassen gern besucht. Wissenschaft für alle also. Erklärt wird, wie die Paläontologen arbeiten und ihre Erkenntnisse gewinnen. Wer wissen möchte, wie die hier ausgegrabenen Urzeitbewohner ausgesehen haben mögen, kann das auf dem vorbeiführenden Saurier-Erlebnispfad entdecken. Dort begegnet man dem prähistorischen Tambacher Liebespaar. Ob es wirklich Liebe war, die die beiden Ursaurier miteinander verband, wissen wir heute nicht. Ihre Skelette jedoch sind über das Lebensende hinaus vereint und helfen, mehr über die Zeit vor 290 Millionen Jahren zu erfahren. Der Bromacker ist eine Schatzkiste voller Geschichten über die Zeit früher Landwirbeltiere der Permian World – eine Ära lange vor der berühmten Jurassic World.

TIPP

In der interaktiven Ausstellung Bromacker lab von Schloss Friedenstein die Grabungsarbeiten verfolgen.

● Saurier-Erlebnispfad, 99887 Georgenthal, Tel. (03 62 53) 46 97 55
geopark-thueringen.de, georgenthal.de/tourismus/saurierlebnispfad
● ÖPNV: Haltestelle Georgenthal (ca. 600 Meter zu Fuß)

Barocke Herrlichkeit

Theaterkunst auf Schloss Friedenstein Gotha

Ein überragender Anblick wird schon demjenigen geboten, der sich Gotha nähert. Auf dem Schlossberg inmitten der ehemaligen Residenzstadt thronend, ragt die gewaltige frühbarocke Schlossanlage im Wortsinn heraus. Macht, Pracht und Opulenz sollte dieser Wohnsitz der einflussreichen Herzöge von Sachsen-Gotha-Altenburg ausdrücken. Im 17. Jahrhundert erbaut, entspricht sie damit dem Zeitgeschmack sendungsbewusster Fürsten. Der symbolträchtige Name sollte ein neues Zeitalter ankündigen: eine Zeit des Friedens. Eine Zeit der Herrlichkeit. Eine Zeit des Wandels. Passenderweise wurde das kulturell bedeutsame Stadtschloss sogar mit einer Schnellverwandlungsmaschine ausgestattet. Noch heute kann sie bei der Arbeit erlebt werden, aber nur hier: im Ekhof-Theater. Durch eine kleine Tür gelangt man in dieses Juwel der Theatergeschichte, das wohl als das älteste Barocktheater der Welt mit noch existierender und funktionierender Bühnenmaschine gelten kann. Mit Windmaschine und Donnerschacht, Senkboden und Flugwerken wurde das Theatervergnügen effektvoll auf die Spitze getrieben. Beim Ekhof-Festival im Juli und August wird der barocke Bühnenzauber alljährlich wieder zum Leben erweckt. Dann nämlich wird ein Theaterstück aus dem 15. bis 18. Jahrhundert aufgeführt. Karten für das sommerliche Ekhof-Festival sind überaus begehrt. Da man auf Schloss Friedenstein kulturell schon immer up to date war, bieten inzwischen neueste interaktive Technologien jederzeit einen sinnlichen Theaterbesuch: Virtual Reality Experience heißt der neue State of the Art. Durch eine VR-Brille wird man in einen lebendigen Probealltag um 1775 versetzt. Conrad Ekhof persönlich, „Vater der deutschen Schauspielkunst“, führt die erfindungsreichen Special Effects vor und ein magischer Röntgenblick lässt die Wände verschwinden, um die dafür notwendige Technik dahinter sichtbar zu machen. Selbst Illusionen erzeugen kann man schließlich in der interaktiven Ausstellung „Hinter den Kulissen“. Ein beeindruckendes Erlebnis.

TIPP

Unterirdische Touren führen durch die 300 Meter lange barocke Festungsanlage, die das Schloss umgibt.

- Ekhof-Theater auf Schloss Friedenstein, Schlossplatz 1, 99867 Gotha, Tel. (03 60 28) 37 83 90, stiftung-friedenstein.de
- ÖPNV: Haltestelle Herzogliches Museum

Schwerelos

Entspannen in der Friederiken Therme

Einatmen, ausatmen, einfach sein. Geist und Körper in Einklang bringen und wohltuende Me-Time genießen. Die Kurstadt Bad Langensalza ist ohnehin ein entspanntes Reiseziel. Für noch mehr Erholung lohnen sich ein paar Stunden Aufenthalt in der Friederiken Therme. Die 200-jährige Kurtradition der wunderschönen Fachwerkstadt begründet sich auf den drei hier natürlich vorkommenden Heilmitteln: dem Schwefelwasser, der Thermalsole und dem Trinkheilwasser. Das Spektrum an Angeboten und Anwendungen ist daher groß. Wer eine revitalisierende Auszeit sucht, findet sie hier. Dann muss man sich nur noch entscheiden: schwerelos dahingleiten und die umfassende Wärme des Solewassers auf sich wirken lassen oder eine sinnliche Erfrischung in den Quell- und Kaskadenbecken genießen. Tief gehende Wärme und gezielte Muskelentspannung ermöglicht auch ein Aufenthalt in der Infrarotkabine. Wer gern sauniert, hat auch hier eine Fülle von Möglichkeiten. So gibt es zum Beispiel eine Dampfsauna, deren angenehme Wärme Verspannungen lösen kann und die Poren der Haut reinigt. Eine mineralisierende Pflegeanwendung oder duftende Aromamassage anzuschließen, bietet sich geradezu an. In der Rosenstadt gibt es natürlich auch eine Rosensauna, die mit betörendem Duft und der sanften Energie von Rosenquarzsteinen zu einer Reise der Sinne einlädt. Die 80 Grad heiße Hainichsauna soll eine Verbindung zur umgebenden Natur eröffnen. Nicht weniger tut dies die Panoramasauna mit Blick auf den üppigen Saunagarten. Richtig heiß wird es in der Kelo-Sauna, deren knisterndes Kaminfeuer auf 110 Grad einheizt.

Bei so viel Auswahl möchte man am liebsten gleich etwas länger bleiben. Etwa für ein ganzes Wellnesswochenende. Kein Problem, denn die Therme ist über einen komfortablen Bademantelgang zum nebenliegenden Wellness-Hotel erreichbar. Den Tag mit einem fruchtigen Cocktail ausklingen lassen und anschließend im herrlich weichen Hotelbett träumen – was will man mehr?!

TIPP

Regelmäßig lädt die Therme zur wunderschön illuminierten Saunanacht ein.

- Friederiken Therme, Böhmenstraße 5, 99947 Bad Langensalza, Tel. (0 36 03) 3 97 60, friederikentherme.de
- ÖPNV: Hainichbus, Haltestelle P + R Friederikentherme

Bäume und Märchen

MärchenNaturPfad Feensteig Weberstedt

Manchmal flüstert ein sanftes Blätterrascheln. Wer an stillen, sonnigen Frühlingstagen das Ohr an einen Baumstamm hält, hört leise die aufsteigenden Säfte rauschen, die in der Krone gebraucht werden, um Blätter und Früchte auszubilden. Auf halber Strecke über den Feensteig jedoch sind die Bäume auch an windigen Tagen unüberhörbar. Dort führt der Weg als Labyrinth durch eine alte Kiefernplantage. Diese Zeugnisse ehemaliger Monokulturen sind heute schlank aufragende Bäume. Vom Wind bewegt, knarzen und quietschen sie, stoßen und reiben aneinander und scheinen tatsächlich zu munkeln und zu sprechen. Ein „Geheimnis, von dem die Märchen des Waldes seit unendlichen Zeiten" erzählen, kann der Glücksuchende hier entdecken. Das verheißt die erste der Holztafeln, die den Weg durch den lange verborgen gelegenen und von Feen, Zwergen und der Göttin Holla behüteten Urwald säumen. Einst militärisches Sperrgebiet, entwickelte sich die lebendige Pracht wenig gestört. Die Waldgeister konnten in aller Ruhe ihrem fabelhaften Treiben nachgehen. Jubelnde Vogelchöre, glitzernde Käfer und längst vergessen geglaubte Tiere fanden alles vor, was sie brauchten. Und Frau Holle, die Göttin Holla? Verborgen im Laubwalddickicht ist wohl heute noch ihr grünsamtener Thron zu finden. Ein Glück für den Wald, wenn wir diese sagenhafte Wohnstatt niemals entdecken: Im Nationalpark wird aus gutem Grund darum gebeten, die ausgeschilderten Wege nicht zu verlassen.

TIPP

Blickrichtung ändern, rückwärts über die Eingangsbrücke gehen und sich so öffnen für sonst Verborgenes.

Vielleicht kommen wir dem Geheimnis, das in der Tiefe und Stille des Waldes ruht, ein Stück näher in den Märchen. Vom Sterntaler, das ermuntert, loszulassen, was belastet, und so himmlischen Segen zu empfangen beim Durchschreiten des Weißdorns, des freundlichen Feenbaums, der über den Weg ragt. Von der weißen Schlange, die lehrt, der Sprache der Tiere zu lauschen. Wer traut sich, beim Teufel mit den drei goldenen Haaren in die dunkle Baumhöhle zu greifen?
Auf dem Weg zurück in die Alltagswelt raunt uns ein Täubchen zu: „Vergiss das Beste nicht!"

- Feensteig Weberstedt, 99991 Unstrut-Hainich OT Weberstedt
nationalpark-hainich.de
- ÖPNV: Nationalparkbus, Haltestelle Weberstedt

Feensteig
MärchenNaturPfad

Frey und wohl behütet

Mühlhausens mittelalterliche Stadtmauer

Wehrhaft und weltoffen war die Freie Reichsstadt Mühlhausen seit dem Mittelalter. Davon zeugt ihre noch fast vollständig bewahrte innere Stadtmauer. Von den ehedem vier Haupttoren ist das Frauentor mit dem Rabenturm noch erhalten. Zusammen mit dem angrenzenden Teil dieser älteren Stadtmauer kann er besichtigt werden. Nach 34,5 Metern Aufstieg bietet sich ein unverwechselbarer Blick über die Altstadt mit ihren wunderschönen Bürger- und Fachwerkhäusern, die in viel Eigeninitiative saniert wurden. Ausgesprochen viele Türme demonstrierten einst Stärke und Bedeutung der Stadt. „Die Turmgeschmückte" wurde Mühlhausen damals genannt. Zusammen mit der äußeren Stadtmauer und den Kirchtürmen zählte die Stadt 68 Türme. Allein die Stadtmauer hatte 38. Von ihnen sind der Hospitalturm – der älteste der Stadt – und der Rabenturm noch an ihrem Platz. Es muss ein erhabener Anblick gewesen sein, der von Reichtum, Macht und Wehrhaftigkeit zeugte. Tatsächlich wurde Mühlhausen seit dem 13. Jahrhundert nicht mehr erobert. „Frey seit 1251" ist daher der Slogan der Stadt, die als Freie Reichsstadt direkt dem Kaiser unterstellt war. Vom Rabenturm aus erahnt man die auf königliches Gepränge ausgerichtete Struktur der Stadt mit der vermuteten Prachtstraße zur Marienkirche. Die Türme des Wehrgangs werden heute als Ausstellungsräume genutzt, die geschichtliche Epochen der Stadt beleuchten. Gezeigt wird hier auch Mühlhausens Weltoffenheit: Gelegen an einer bedeutenden Handelsroute, brachte dies Wohlstand und kulturelle Vielfalt in die Stadt.

Der gute Erhaltungszustand der Wehranlage ist nicht zuletzt den denkmalpflegerischen Initiativen zu verdanken, die bereits im 19. Jahrhundert ihren Anfang fanden. Anwohnende nutzten die Wehrtürme als Gartenpavillons. Im „Biedermeier-Zimmer" kann man sehen, wie der Sinn für häusliche Gemütlichkeit im Bürgertum aufkam. Mit Fenstern zu allen Seiten und Blick auf die Türme der Marienkirche und die alten Bäume muss es beim nachmittäglichen Kaffeekränzchen beschaulich zugegangen sein.

TIPP

Auf dem Wehrgang zeigt das detailreiche Diorama des Briten Doug Miller Geschichte in Miniatur.

● Stadtmauer, Am Frauentor 13, 99974 Mühlhausen, Tel. (0 36 01) 40 47 70
tourismus.muehlhausen.de
● ÖPNV: Haltestelle Blobach

Volltreffer

Weltklasse-Handball erleben in Bad Langensalza

Es braucht schon ein bisschen Glück, um eine der begehrten Karten an der Abendkasse zu ergattern. Aber der Versuch lohnt sich, denn hier wird Weltklasse geboten. Rasant, kraftvoll und mit jeder Menge positiver Energie haben sich die Sportlerinnen des Thüringer Handball Clubs (THC) an die Spitze des deutschen Handballsports gespielt. Dort halten sie sich ganz souverän. Die Leidenschaft, mit der sie ihrem Sport nachgehen, fasziniert unweigerlich auch das Publikum der immer gut gefüllten Salza-Halle. Es wird laut, spannend und emotional – so viel sei bereits verraten über die besondere Atmosphäre, die man hier erleben kann. All das gibt es auch für diejenigen, die noch nie ein Handballspiel erlebt haben. Versprochen!
Auf großen Rückhalt ihrer Fans kann der THC allemal hoffen. Und für diesen bedanken sich die Spielerinnen und das Trainerteam am Ende jeder Partie persönlich mit Handschlag und ansteckendem Freudenjubel bei den Zuschauern. Immerhin werden diesen in der erneuerten Sporthalle allerhand internationale Spitzenspiele der European League geboten. Aus Norwegen, Ungarn oder Frankreich – einer der erfolgreichsten Handballligen der Welt – kommen die Gegnerinnen, um es mit der starken Abwehr und dem Feuer der famosen Athletinnen aufzunehmen. Die Chronik des Thüringer HC liest sich wie eine echte Erfolgsgeschichte: Seit 2005 in der Ersten Bundesliga, sechsmal hintereinander Deutscher Meister, seit 2012 in der Champions League etabliert und mehrfach mit einem Platz unter den besten zehn Handballclubs Europas beschenkt. Der THC ist damit der erfolgreichste Frauenhandballverein in Deutschland seit der Wiedervereinigung. Ein großer Wurf aus der beschaulichen Kurstadt Bad Langensalza! Diese Mannschaft ist ein Traum, sagt ihr Trainer Herbert Müller. Von dieser Begeisterung kann man sich ohne Weiteres mitreißen lassen und als Teil der roten Wand fühlen.

● Handball in der Salza Halle, Hannoversche Straße 1, 99947 Bad Langensalza,
Tel. (0 36 03) 1 27 93 04, thueringer-hc.de
● ÖPNV: Haltestelle Gymnasium

Thüringer Handball Club für immer
Deutscher Meister
2011 • 2012 • 2013 • 2014 • 2015 • 2016 • 2018
www.fanclub-rote-wand.de
AS TEAM VOR DEM TEAM
Autohaus Glinicke GmbH

Schöne Schwester

Die Creuzburg

Einladend und freundlich begrüßt diese Kostbarkeit des Werratals ihre Gäste. In der Mitte des sonnengewärmten Burghofes spendet eine 500 Jahre alte Linde Schatten. Das Flüstern ihrer raschelnden Blätter lädt ein, sich Zeit zu nehmen für eine Erfrischung und Mußestunde. Wer mag, kann sich anschließend dem Inneren der Burg zuwenden: der Ausstellung zur Stadt- und Burggeschichte, der Heimatstube mit ihren wechselnden Ausstellungen oder – wer es gern schaurig mag – dem burgeigenen Folterkeller. Besonders berührend ist hingegen die Elisabeth-Kemenate. Für die heilige Elisabeth war die Creuzburg ein friedvoller Ort. Die „kleine Schwester" der mächtigen Wartburg bot ihr Rückzug und Ruhe. Ihre Kinder wurden hier geboren. Doch es war auch ein Ort des Abschiednehmens für sie. Ihrem Ehemann, dem Landgrafen Ludwig IV., dem sie wohl in inniger Liebe verbunden war, musste sie 1227 hier Lebewohl sagen. Er zog in den Kreuzzug und kehrte von dort nicht mehr zurück. Elisabeths außerordentliche Frömmigkeit, ihre Verachtung von Prunk und Verschwendung und ihre übergroße Hingabe für jene, die Unterstützung brauchten, zogen den Argwohn der Landgrafenfamilie auf sich. Mit dem Verlust ihres Ehemannes beschloss sie daher, die Wartburg für immer zu verlassen, und zog sich zunächst in die Stille der Creuzburg zurück. Das war auch das letzte Kapitel großer Blüte für die sehr gut erhaltene Burg. Von der um 1170 errichteten Burg sind noch viele Bestandteile erhalten. So auch die zweistöckige Ringmauer, die diesen strategisch wichtigen Punkt zwischen Hessen und Thüringen sicherte. Heute kann man in ihrem Schutz ganz friedlich speisen und übernachten. Dass sie sich in so gutem Zustand zeigen und vollständig besichtigt werden kann, verdankt sie allerdings vielen engagierten Menschen. In über zehnjähriger Arbeit wurde sie in den Achtzigerjahren vor dem Verfall bewahrt und wird heute bei Sommer- und Mittelalterfesten zu einem Ort ausgelassener Lebensfreude.

TIPP

Einmal im Jahr laden Burg und Stadt zu den Michael-Praetorius-Tagen mit Konzerten und Workshops ein.

- Burg Creuzburg, 99831 Amt Creuzburg, Tel. (03 69 26) 9 80 47
  creuzburg-online.de
- ÖPNV: Haltestelle Creuzburg Bahnhof (ca. 800 Meter zu Fuß)

Im Herzen des Waldes

Craulaer Kreuz und Sperbersgrund

Unberührtheit und Ursprünglichkeit, Freiheit, Spiritualität und Transformation – literarische Werke behandeln die Wildnis oft als einen Ort der Veränderung, der Selbstentdeckung, aber auch der Herausforderung, des Ringens mit den Elementen. In Europa gibt es nur noch sehr wenige, kleine Bereiche, auf die die Bezeichnung Wildnis zutrifft. Im Nationalpark soll sie wieder entstehen. Die Kunst liegt darin, sich zurückzuhalten, die Natur gewähren zu lassen. Sie weiß schon, wie es geht. Wer sehen möchte, wohin diese Reise führt, der sollte am Craulaer Kreuz beginnen. Dort eröffnen sich verschiedene Wandermöglichkeiten. Sie alle führen durch das Herzstück des Hainich, durch den besonders naturnahen historischen Altbuchenbestand. Die beeindruckende Flora mit ihren teils skurrilen Baumriesen lässt erahnen, was Wildnis sein kann. Von den Jahrzehnten gezeichnet oder bereits umgestürzt, bieten sie dem Waldleben Raum und Grundlage für Biodiversität und eine nachhaltige Entwicklung.

TIPP

Der zur Erkundung der „Alten Buchenwälder Deutschlands" angelegte Welterbepfad führt hier vorbei.

Der Wanderweg Craulaer Kreuz führt zunächst hinab in den sagenumwobenen Otterbühl. Hier soll der Ritter vom Otterbühl im Jagdhaus in dunklen Nächten beglückende Stunden mit seinen Geliebten verbracht haben, bis er vor der Empörung anderer fliehen musste.

Auch der Sperbersgrundweg beginnt hier, auf dem es einige lohnenswerte Höhenmeter zu überwinden gilt. Hat man die „Himmelsleiter" gemeistert, lockt oben der Wartburgblick. Bis zu den Bergen des Thüringer Waldes und – namensgebend – zur Wartburg reicht der Blick. Wer dem Weg am Waldrand entlang weiter folgt, entdeckt auch den Alten Berg. Er ist mit 494 Metern die höchste Erhebung im Hainich. Das sorgt im Winter für Schlittenfreuden, wenn rund herum noch kaum eine Schneeflocke über die Felder tanzt. Macht das nicht Lust auf Hüttenkost? Zu dieser wird mit aller Herzlichkeit in der Hainichbaude am Craulaer Kreuz eingeladen. Gemütlich und mitten in der Natur machen hier deftige Speisen zu warmen, kalten und geistigen Getränken glücklich.

- Craulaer Kreuz, 99820 Hörselberg-Hainich OT Craula
  hainichbaude.de
- ÖPNV: Hainichbus, Haltestelle Craula (ca. 2 Kilometer zu Fuß)

Brueghelsches Gewimmel

Panorama Museum Bad Frankenhausen

Ein Bauwerk als riesige Leinwand. Auf dem Schlachtberg in Bad Frankenhausen, einem der wichtigsten Schauplätze des Bauernkriegs in Mitteldeutschland, ließ man in den 1970er-Jahren einen außergewöhnlichen kreisrunden Bau errichten. Auf der 123 Meter langen und 14 Meter hohen Innenwand sollte ein Kunstwerk mit eindeutiger Botschaft entstehen. Der Auftrag: die Frühbürgerliche Revolution in Deutschland vom Mittelalter bis zur Zeit des Pfarrers Thomas Müntzer, wortgewaltiger und charismatischer Anführer der Bauernkriege, zu illustrieren. Darin sollte die DDR-Gesellschaft als Verwirklichung der revolutionären Träume der einstigen Akteure sichtbar werden. Tatsächlich entstand aber ein gewaltiges Wimmelbild, das die manchmal absurde, manchmal tragische Komödie der Entwicklung der Menschheit bis heute erzählt – im Gewand einer Malerei des 16. Jahrhunderts. Werner Tübke, Professor und Rektor der Leipziger Hochschule für Grafik und Buchkunst, realisierte ein überdimensioniertes Panoramabild voller Fantastik. Doch darin fehlen die unumstößlichen Sieger der Geschichte, die stete Höherentwicklung der Menschheit. Seine Geschichte schließt sich im Kreis und nutzt das Gebäude für eine geschichtsphilosophische Sicht, die skeptisch gegenüber dem Überkommenen ist.

TIPP

Der „schiefe Turm" der Liebfrauenkirche ist berühmt – er ist schiefer als jener prominente in Pisa.

Die vielen Detailbilder beleuchten das Menschsein an sich. 3000 Figuren schildern in einem Werk voller Zitate, Anspielungen und Doppelbödigkeit nicht fotorealistische Ereignisgeschichte, sondern interpretieren gleichzeitig die Zeitgeschichte der DDR. Wer einen der bereitstehenden Hocker ergattert und sich Zeit nimmt für diese Entdeckungsreise, der wird erkennen, dass Tübke diese selbst Freude gemacht hat. Er nutzte spätmittelalterliche Holzschnitte als Vorlage und ließ sich mit seinen Motiven treiben – auf ein noch unbekanntes Ziel zu. Mit seiner ganz eigenen Handschrift schlägt er intellektuelle Purzelbäume und macht das Werk auch zum Tagebuch seiner Entstehung. Das zu lesen, helfen empfehlenswerte Führungen oder Acoustic-Guides.

- Panorama Museum Bad Frankenhausen, Am Schlachtberg 9, 06567 Bad Frankenhausen, Tel. (03 46 71) 61 90
  panorama-museum.de
- ÖPNV: Haltestelle Panorama (ca. 400 Meter zu Fuß)

Nur Fliegen ist schöner

Kletterwald Hainich bei Kammerforst

Klettern, schwingen, gleiten, springen und dazu das wunderschöne Waldambiente genießen. Waldabenteuer mitten im Hainich erleben – natürlich mit Stahlseilen gesichert und von Kletterprofis fachkundig angeleitet. Von Letzteren mit Sicherheitsausrüstung ausgestattet, kann es gleich losgehen auf einem der elf Parcours. Sie alle sind mit viel Liebe zum Detail und großer Rücksicht auf die Natur angelegt. Die Tiere des umgebenden Hainichwaldes stehen für die einzelnen Kletterrouten Pate: Als kleine Haselmaus ab fünf Jahren kann man bereits in anderthalb Metern Höhe seine ersten Kletterfreuden ausleben. Klein, aber oho! Wie ein Mäuschen. Die anderen Stationen bieten kreative Möglichkeiten, um zum Beispiel – wie eine Wildkatze – das Gleichgewicht zu trainieren, den richtigen Absprung zu erwischen und kurze Distanzen mit einem eleganten Sprung zu nehmen. Seine eigene Stärke kennenzulernen, darum geht es beim Wildschweinpfad. Mit Muskelkatergarantie. Was für ein Glücksgefühl, sich mal richtig auszupowern! Oder zu fliegen! Wie ein Habicht durch die Baumwipfel gleitend – mit 13 verschiedenen Seilbahnen in 11 Meter Höhe fühlt man sich diesem Traum schon ziemlich nahe.

Schon mal mit einem Bobbycar in den Baumkronen herumgefahren? Das ist das Richtige für verspielte Waschbären. Surfen in den Bäumen? Auf einem Floß in den Wipfeln kann das auf der Buntspechtroute ausprobiert werden, auf dem Baumarderparcours sogar auf einem Snowboard. Wer den ultimativen Kick sucht, wird sich auf dem finalen Basejump der Fledermaustour angemessen herausgefordert fühlen. Freier Fall mit sanfter Bremsung. Und der König des Hainichwaldes – der Luchs – ist natürlich namensgebend für den schwierigsten Parcours. Man bewegt sich hier in einer Höhe von bis zu 17 Metern!

Insgesamt gibt es 140 Kletterelemente zu entdecken und auszuprobieren. Genug, um den eigenen Mut und seine Geschicklichkeit herauszufordern und anschließend zufrieden auf den Waldboden zurückzukehren. Aber zuvor viel Spaß im Baum!

TIPP

Den Tag im Gasthaus Zum Braunen Hirsch bei traditioneller Thüringer Küche ausklingen lassen.

● Kletterwald Hainich, Am Reckenbühl, 99986 Kammerforst, Tel. (03 60 28) 37 83 90
kletterwald-hainich.com

Mühlhäuser Braukunst

Brauhaus zum Löwen

Genuss, Zeit, Anregung und Entspannung – das sind gute Zutaten für Urlaubsglück. Und alle findet, wer im Brauhaus zum Löwen in Mühlhausen vorbeikommt. Die stilvoll zu neuem Leben erweckte einstige Apotheke öffnet täglich 10 Uhr die Tür zur Kunst des Bierbrauens. Der Braumeister der Biermanufaktur, Bernd Heinz, oder der Gastgeber Marco Fongern persönlich führen durch die Geheimnisse des Brauhandwerks. Anschließend lädt das gemütliche Restaurant dazu ein, die Aromen des Brauhauses zu probieren. Wo sich früher das Apothekenlabor befand, wird heute ideenreich regional gekocht. Rezepte, die Leib und Seele stärken, haben in diesen neuzeitlichen Gemäuern also durchaus Tradition. Das Speisenangebot ist so facettenreich wie die Region. Auf jedem Tisch befindet sich dazu eine Bierkarte, die die Auswahl des passenden Hausgebrauten erleichtert. Das Reichsstädtische Pils etwa, flüssiges Gold mit eleganter Hopfennote, harmoniert perfekt mit hellem Fleisch oder Fisch. Das Apotheker Dunkel hingegen begleitet deftige Schmorgerichte mit seinen feinen Röstaromen. Auch ausgesprochene Bierverächter schwört Fongern mit den hauseigenen Kreationen vom Biergenuss überzeugen zu können. Spritzig fruchtiger Brombeer-Mix bei launiger Biergartenatmosphäre beispielsweise hat noch so manchen Skeptiker umgestimmt. Gelegentlich wird dazu Livemusik gereicht. Anfang des Jahres hat das bernsteinfarbene Kupferbier Saison. Gleich neben den Sudkesseln oder im urigen Gewölbekeller kann man es sich damit drinnen gemütlich machen, wenn es draußen noch kalt ist.

TIPP
Zimmer 227 bietet einen wunderbaren Ausblick auf den romantischen Garten an der historischen Stadtmauer.

Da zu diesem charmanten Ort der Begegnung, der Geschmackserlebnisse und Entdeckungen auch ein gemütliches Hotel gehört, ist er ein wunderbarer Ausgangspunkt, um die reizvolle Region zu entdecken. Behaglich zurückziehen und bei einem erfrischenden Glas Bier den nächsten Ausflug planen! Spannende Tipps für Ausflüge zu Fuß, per Rad oder für kulturelle Entdeckungstouren inspirieren Besucher schon am Empfang.

● Brauhaus zum Löwen, Felchtaer Straße 2–4, 99974 Mühlhausen,
Tel. (0 36 01) 47 10, brauhaus-zum-loewen.de

● ÖPNV: Haltestelle Untermarkt

Wilde Botschafter

Samtpfoten im Wildkatzendorf Hütscheroda

Man muss schon sehr viel Glück und Ausdauer haben, wenn man dem Symboltier des Nationalparks Hainich in freier Wildbahn begegnen will. Nationalparkleiter a. D. Manfred Großmann hat sie bisher nur fünfmal dort gesehen und er teilt sich den Wald schon seit 20 Jahren mit den Samtpfoten. Apropos Samtpfoten: Die gibt es hier auch mit Pinselohren. Die aufgestellten Wildkameras belegen, dass mindestens ein Luchs den Weg ins Naturschutzgebiet gefunden hat und hier wohl einen Bilderbuchlebensraum vorfindet. Auf der Wildkatzenlichtung in Hütscheroda kann man beide Katzenarten sehen und bei einer Schaufütterung vieles über sie und die Ansprüche an ihren Lebensraum lernen. Da die Tiere immer zu unterschiedlichen Zeiten gefüttert werden, um sie nicht zu dressieren, erkundigt man sich am besten vorher im Internet oder in der Wildkatzenscheune nach den aktuellen Fütterungszeiten. In einer auch für Kinder unterhaltsamen Ausstellung kann man dort bereits die Fährte der wilden Katzen aufnehmen. Die Wildkater wohnen etwas oberhalb des Ortes im Schaugehege als Botschafter für ihre in Freiheit lebenden Verwandten. Man schützt nur, was man kennt. Damit möglichst viele Menschen die wilden Katzen des Hainich kennenlernen, kann man sie in Hütscheroda aus der Nähe erleben. So erfährt man, warum ihre Anwesenheit für die Zukunft zuversichtlich stimmen darf. Sie alle haben einzigartige Charaktere. Leo zum Beispiel ist ein echter Sonnenschein, der gern für Fotos posiert. Waro ist ein temperamentvoller Meister im Hochsprung, der gern mal mit den Besuchern „redet".

TIPP
Hinter dem Schaugehege beginnt der Wildkatzenschleichpfad mit abwechslungsreichen Kletterparcours.

Was die vier männlichen Wildkatzen in der Anlage nicht können, haben die hier lebenden Luchse übernommen: Nachwuchs. Finja, Freya und Norik – benannt nach den Vorschlägen der Besucher – werden hoffentlich noch weitere Geschwister bekommen. Denn wenn sie schließlich zu stolzen Großkatzen geworden sind, sollen sie zusammen mit Luchsnachwuchs aus anderen Gehegen weitere Regionen Deutschlands wieder zu ihrer Heimat machen.

- Wildkatzendorf Hütscheroda, Schlossstraße 4, 99820 Hörselberg-Hainich OT Hütscheroda, Tel. (03 62 54) 86 51 80 wildkatzendorf.de
- ÖPNV: Hainichbus, Haltestelle Hütscheroda

Auf ein Wort mit Luther

„Geistreiches" im Lutherhaus Eisenach

„Ein Herz und eine Seele", „Nächstenliebe" oder „jemanden auf Händen tragen" – diese und viele andere Worte und Wendungen verdanken wir dem Schaffen Martin Luthers. „Die ganze Welt ist voller Wunder", einige davon kann man im Lutherhaus Eisenach entdecken.
„Er gab dem Gedanken auch das Wort. Er schuf die deutsche Sprache", bekannte Heinrich Heine. Wie recht er hatte, erfährt man bei einem Besuch dieser kulturellen Bildungsstätte, die ihr „Licht nicht unter den Scheffel stellen muss". Eröffnet in einem der ältesten Fachwerkhäuser Thüringens und mit viel Liebe zum Detail ausgestattet, schenkt das innovative Museum überraschend moderne, „geistreiche" und vielseitige Zugänge zu Luther und seinem bedeutenden Werk: die deutsche Bibel. Sich selbst an einer Bibelübersetzung zu probieren und festzustellen, welche Vielfalt an Ausdrucksmöglichkeiten und Bedeutungen die eigene Sprache bietet, ist hier zum Beispiel multimedial möglich. Martin Luther war sich sicher, dass Gott zu uns spricht. Seinen Worten die richtige Sprache zu verleihen, war eine Lebensaufgabe, der er mit „Feuereifer" nachging. Wer Halt sucht, soll ihn in der klaren und zuverlässigen Botschaft der Bibel finden können – ohne Berechnung, ohne Zwang, ohne Furcht. Die Verbindung von Freiheit, Sprache und Ideen, mit der Luther so fasziniert, war für den bekannten chinesischen Künstler Ai Weiwei „Stein des Anstoßes" für seine Skulptur „man in a cube", die im historischen Innenhof zu erleben ist. Sie ist das einzige dreidimensionale Selbstporträt des Künstlers und erinnert daran, dass „der freie Ausdruck eines jeden Individuums überaus wichtig für unsere menschliche Entwicklung" ist. Und so inspirierte Martin Luther Menschen über Generationen zu eigenen Werken: Komponisten und Dichter, Philosophen und Theologen, Gläubige und Nichtgläubige. Eine Akustik-Lounge lädt ein, die Wirkung von Luthers Bibel in Musik und Literatur zu entdecken. Ein Glücksort, um sich eine Auszeit zu gönnen und nach „Herzenslust" zu lauschen.

TIPP

Sich von seinen Sünden freikaufen?! Ganz einfach ausprobieren am Ablass-Spielautomaten …

● Lutherhaus Eisenach, Lutherplatz 8, 99817 Eisenach, Tel. (0 36 91) 2 98 30
lutherhaus-eisenach.de
● ÖPNV: Haltestelle Lutherhaus

BIBEL

Den Göttern so nah

Germanische Siedlung und Kultstätte Oberdorla

Man könnte meinen, dass das Opfermoor nahe Oberdorla eigentlich eher ein Unglücksort sei. Hat man doch zahlreiche Überreste auch menschlicher Opfer dort gefunden. Wer jedoch einmal mit einer der passionierten Führerinnen ums Lagerfeuer tanzend die „Sonne gewendet" und dabei deren Bedeutung für den Lebensrhythmus der einst in der Nähe ansässigen Germanen kennengelernt hat, der versteht: Für die Menschen war dies über Jahrhunderte ein Ort der Hoffnung und der Transzendenz. Hier konnten sie mit den jenseitigen Wesen in Kontakt treten, welche über den alles bestimmenden Kreislauf von Werden und Vergehen, von Darben und Fülle, von Milde und Kälte gebieten. Über 1200 Jahre lang wurde dieser Ort – auch schon von den Vorfahren der später als Germanen bezeichneten Stammesgruppen – für Opferrituale und ein anschließendes gemeinsames Opfermahl genutzt. An den Ufern des Moorsees sind mehr als zwei Dutzend kleine heilige Bezirke aus Ruten, Stangen und Flechtwerk nachempfunden oder aus Stein original erhalten und für Besucher ganzjährig zu besichtigen. Damit ist ein Fundkomplex der Öffentlichkeit zugänglich, der zu den besterhaltenen seiner Art in Europa zählt.

TIPP

Ein kleines Museum zeigt Originalfunde der archäologischen Ausgrabung und Modelle der Heiligtümer.

Die geheimnisvolle Schilflandschaft ist ein Glücksort, an dem man friedvolle Stille genießen kann. Wer es lieber betriebsamer mag, dem sei empfohlen, zur Sommer- oder Wintersonnenwende die Gebräuche und Lebensweise derer kennenzulernen, die diesen besonderen Ort einst entstehen ließen. Ein gern besuchtes und garantiert unvergessliches Erlebnis am Lagerfeuer für Klein und Groß. An anderen Aktionstagen, wie dem Germanenfest, kann man sich in Fingerfertigkeit am Webstuhl oder Geschicklichkeit mit Bogen und Speer versuchen.

Das einstige kultische Zentrum liegt genau am heutigen geografischen Mittelpunkt Deutschlands. Gleich neben dem Parkplatz zum Opfermoor macht ein Hinweisstein darauf aufmerksam – beschirmt von der 1991 dort gepflanzten Kaiserlinde.

- Opfermoor Vogtei, 99986 Niederdorla Vogtei, Tel. (0 36 01) 75 60 40
  opfermoor.de
- ÖPNV: Kulturerlebnisbus, Haltestelle Oberdorla Bahnhof
  (ca. 1,5 Kilometer zu Fuß)

Life ist lamazing

Wandern mit Lamas und Alpakas in Küllstedt

Ein Sprichwort aus den Anden besagt, Lamas seien ein Geschenk der Natur an die Seele des Menschen. Mit ihren großen runden Augen scheinen sie tief ins Innenleben ihres Gegenübers zu schauen. Diesem Charme kann sich wohl niemand entziehen. Ihre Ruhe und ihr sanftmütiges Wesen muss man erlebt haben – das kann man im Lamaland Eichsfeld nahe Mühlhausen bei Jürgen Hagedorn. Zu seiner Herde gehören auch die kleineren, quirligen und unglaublich flauschigen Alpakas. Doch sie sind genauso wenig Kuscheltiere wie ihre größeren Verwandten: Lamas und Alpakas bevorzugen einen respektvollen Individualabstand und höfliches Benehmen. Das machen sie ihren Artgenossen notfalls mit einem gezielten Spuckegruß deutlich. Menschen haben seine Lamas in den vielen Jahren, die er sie schon hält, noch nicht ein einziges Mal angespuckt, beteuert Jürgen. Damit das so bleibt, gibt es vor dem Spaziergang mit den Tieren auch eine umfassende Einführung. Die findet in Stall und Auslauf der Lamas und Alpakas statt – so können sich beide Seiten erst mal in Ruhe kennen und verstehen lernen. Was die Fußballlegende Lionel Messi mit Lamas zu tun hat, wie und warum Lamas geschoren werden sollten und was sie mit ihrer Körpersprache ausdrücken, erfährt man dabei. Dann geht es hinaus. Wer mag, darf selbst ein Lama oder Alpaka führen und dafür am Ende des Lama-Abenteuers einen Lama-Alpaka-Führerschein mit nach Hause nehmen.

TIPP

Im Winter eine Glühweinwanderung mitmachen und sich danach im gemütlichen Kaminzimmer aufwärmen.

Das Angebot reicht von Sonntagsspaziergängen mit kleinen Kindern bis hin zu Tagestouren für fortgeschrittene Abenteurer. Auch einen Kindergeburtstag oder ein Teambuilding-Workshop machen die gutmütigen Weggefährten zu einem bereichernden Erlebnis. Begegnet man den Tieren mit Sensibilität und wertschätzendem Respekt, verschenken sie eine Zeit des Auftankens und der Freude. Mit jedem Schritt ein bisschen Stress und Alltag zurückzulassen, das empfiehlt Jürgen seinen Gästen. Ein nicht alltägliches Glückserlebnis also.

- Lamaland Eichsfeld, Bahnhofstraße 26, 37359 Küllstedt, Tel. (01 52) 27 65 98 56 lamaland-eichsfeld.de
- ÖPNV: Haltestelle Küllstedt Schule (5 Minuten zu Fuß)

Sinfonie von Freiheit

Mediterranes Flair an den Dieteröder Klippen

Steht man an der Abbruchkante des rund 500 Meter hohen Muschelkalkplateaus, spürt man nur noch eines: Freiheit. Der weite Blick, der Wind in den Haaren, das Pulsieren der mediterranen Natur, wie das Zirpen der Zikaden zwischen Rosmarinpflanzen. Wie ein Mosaik aus Feldern und Wäldern wogt die vollendete Landschaft des Eichsfeldes über Hügel und tiefe Täler dem Horizont entgegen. Das kräftige Rauschen des Windes im Blätterdach des Urwaldes, der hier entstehen soll, wirkt wie die musikalische Begleitung zu diesem erhebenden Anblick. Das Waldstück entlang der Klippen wird zum Schutz der Natur und zur Anschauung für die Besucher nicht mehr bewirtschaftet. Es entwickelt sich nach seinen eigenen Gesetzen, bietet ein reiches Nahrungs- und Brutbiotop sowie Unterschlupf- und Überwinterungsquartiere für zahlreiche Tierarten. Wer Lust hat, kommt öfter vorbei und beobachtet, wie sich der Wald im Laufe der Zeit verändert.

Die Melodien dazu kommen von den Wacholderheiden im Vordergrund. An den steil abfallenden, von der Sonne verwöhnten Hängen musizieren Zikaden und Grashüpfer. Zwischen den spärlichen Sträuchern leuchten Goldammern und Bluthänflinge. Manche Namen der hier lebenden Schmetterlingsarten verraten bereits einiges über die Pflanzenwelt: Sie heißen Thymian-Ameisenbläuling und Kreuzdorn-Zipfelfalter. Der Silbergrüne Bläuling liebt Oregano. Man entdeckt Orchideen, Golddisteln, Sonnenröschen und Enziane. Dazwischen knabbern Ziegen an den jungen Trieben und sorgen so dafür, dass dieser unter europäischem Schutz stehende Lebensraum erhalten bleibt. Wer mag, genießt diese Sinfonie aus Farben und Naturklängen auf einer der Holzliegen am Anfang der Klippen.

Ein Faltblatt, auf dem der hier beginnende Naturlehrpfad erläutert wird, nimmt man sich am besten im nahen Naturparkzentrum Fürstenhagen mit. Für Kinder gibt es dort auch einen interessanten Erlebnispfad gleich hinterm Haus zu entdecken. Im dazugehörigen Baumhaus lässt es sich herrlich klettern – auch dann, wenn man kein Kind mehr ist.

● Dieteröder Klippen, Naturparkzentrum Fürstenhagen, Dorfstraße 40, 37318 Lutter, Tel. (03 61) 5 73 91 50 00, naturpark-ehw.de

Sonnengelbes Schlösschen

Friederikenschlösschen in Bad Langensalza

Kokett und verspielt, so wie man sich ein kleines Prinzesschen vorstellen möchte, ziert das hübsche leuchtend gelbe Rokokoschlösschen die Kurpromenade. Umgeben ist die adlige Schönheit also von erholsamem Grün: von mächtigen Bäumen, die schon viele Geschichten vom Wandel der Zeiten erzählen könnten. Von herrlichen Rosenbeeten, deren Pracht im nebengelegenen Rosengarten noch ausführlicher bewundert werden kann. Von Palmen und mediterranen Gewächsen in großzügigen Kübeln, die den ganzen Sommer über die „blühendste Stadt Europas“ zieren und den Winter liebevoll gepflegt in Gewächshäusern überdauern. Vom schon genannten Kurpark mit seinem alten Baumbestand, durch den sich fröhlich hinplätschernd ein kleines Bächlein schlängelt und der zu jeder Jahreszeit seinen besonderen Reiz entfaltet. Und die terrassenartige Parkanlage hinter dem Schlösschen wartet mit einem herrlichen Ausblick von ihrer obersten Stufe aus auf. Man betritt den Park über den halbrunden Platz, der mit Blick auf das Friederikenschlösschen eine herrliche Kulisse für verschiedenste Kulturveranstaltungen bietet.

TIPP
Im Kavaliershäuschen bietet das Villa Italia beste Küche und überaus freundlichen Service.

Das Friederikenschlösschen wurde einst zusammen mit den zwei flankierenden Kavaliershäuschen als Sommerresidenz für die Herzoginwitwe Friederike von Sachsen-Weißenfels errichtet, die bis zu ihrem Tode 1775 fast 30 Jahre in Bad Langensalza gelebt hat. Der Festsaal dieses Lustschlösschens wird noch heute den Sommer über von Kleinkunstprogrammen und Kammerkonzerten seiner baulichen Bestimmung nach mit Leben erfüllt. Subversiver wird es im Keller: Er bietet die rechte Atmosphäre für Jazz-Konzerte. Zur Anlage gehören auch eine Orangerie, ein historischer Gartenpavillon mit Brunnen, aus dessen Bronzebecken kurierendes schwefelhaltiges Wasser sprudelt, und die alte Remise. In diesem einstigen Wagen- und Stallhaus findet sich heute eine historische Druckerei. An der hier ausgestellten Handtiegelpresse kann, wer möchte, selbst kreativ werden und einen eigenen Druck als Erinnerungsstück anfertigen.

- Friederikenschlösschen, Kurpromenade, 99947 Bad Langensalza, Tel. (0 36 03) 85 90, badlangensalza.de
- ÖPNV: Hainichbus, Haltestelle Wiebeckplatz (ca. 1 Kilometer zu Fuß)

5

Höher, weiter, drinnen

Indoor-Hochseilabenteuer in Eisenach

Einen ganz neuen Erlebnisraum, der sich vom Boden bis unter die Decke der großen Halle spannt, kann man hier kletternd und schwingend meistern. Untergebracht in den historischen Mauern der Alten Brauerei in der Eisenacher Innenstadt, steht höhenbegeisterten Abenteurern ein ganzjährig nutzbares Angebot zur Verfügung. Sich neuen Herausforderungen stellen, Kraft und Ausdauer beweisen, den Körper neu erleben, die Emotionen rauslassen – hier werden alle ab sechs Jahren glücklich. Mit Konzentration auf das nächste Hindernis, vielleicht dem Wunsch, es doch zu überwinden, bleibt man ganz im Hier und Jetzt. Wahrscheinlich macht das den Reiz des Kletterns aus und warum man sich nach zwei Stunden im Hochseilgarten einfach nur befreit und glücklich ausgepowert fühlt. Auf verschiedenen Ebenen können Mut und Geschicklichkeit getestet werden – und das absolut wettersicher. Sicher ist das Vergnügen auch ansonsten in jeder Hinsicht. Das durchgehende Sicherungssystem bietet den höchsten Standard, ist kinderleicht zu bedienen und macht es unmöglich, sich versehentlich auszuhängen. Einziges Risiko: Muskelkater. Unter persönlicher und professioneller Anleitung gelingen auch schwierige Hürden. So darf jede und jeder sein ganz persönliches Erfolgserlebnis genießen. Da die sechs verschiedenen Parcours kombinierbar sind, ergeben sich immer neue Wege. Apropos neu: Schon mal Light Jumping ausprobiert? Dabei springt man auf einer großen Glasplatte von Licht zu Licht. Die Inspiration für dieses außergewöhnliche Vergnügen kommt aus Japan und es kann gleich nebenan ausprobiert werden.

TIPP

Übernachten kann man hier ebenfalls: im Hostel Alte Brauerei.

Zur Stärkung werden im Bistro kalte Erfrischungen oder warme Speisen angeboten. Bei Schmuddelwetter können diese auf der Galerie im Innern, bei Sonnenschein auf der Dachterrasse, dem Deck 25, genossen werden. Diese ist auch ohne Klettervergnügen einen Besuch wert. Dann nämlich, wenn wieder zur Luxury Roof Top Night geladen wird. Zu guter Livemusik wird dann ein Premium Catering gereicht.

● Indoor Kletterpark, Wartburgallee 25 a, 99817 Eisenach, Tel. (0 36 91) 23 80 40
kletterpark-eisenach.de
● ÖPNV: Haltestelle Ernst-Abbe-Gymnasium

Klangträume

Die Thüringen Philharmonie Gotha-Eisenach

Klangräume, die Tradition und Gegenwart eindrucksvoll verbinden, entfaltet der Klangkörper dieses Ensembles gern auch an geschichtsträchtigen Spielstätten. Das Symphonieorchester trägt den wohlklingenden Ruf Thüringens als Heimat klassischer Musik in die Welt. So sind die einnehmenden Klangtrauben von den Anfängen des Barocks über die Wiener Klassik und Romantik bis hin zu zeitgenössischer Moderne nicht nur am Gothaer Hof zu hören. Auch der ikonische Palas der Wartburg und andere besondere Orte werden zur Bühne für Meisterwerke der Musikgeschichte.

Als Teil des „barocken Universums“ Gothas ist die Thüringen Philharmonie untrennbar mit der reichen Musikgeschichte der Region verbunden. Schon 1651 legte Herzog Ernst der Fromme den Grundstein für eine distinguierte Musikkultur, als er eine Hofkapelle ins Leben rief. In dieser Tradition stehend, vereinte sich 2017 die Philharmonie mit der Landeskapelle Eisenach und trägt das musikalische Erbe von Johann Sebastian Bach, der in Eisenach geboren wurde, und Georg Philipp Telemann, der als Konzertmeister in Sachsen-Eisenach wirkte, weiter.

Neben ihren symphonischen Konzerten in Gotha und Eisenach gestaltet die Philharmonie das jährliche Friedenstein Open Air. Unter dem sommerlichen Sternenhimmel trifft hier klassische Musik auf internationale Popstars und es entsteht eine außergewöhnliche Klangfusion. Im Ekhof-Theater erhält die Reihe „Barock ImPuls“ das barocke Erbe Gothas lebendig.

Traditionell gehören auch Konzerte für die Kleinsten und Weltmusik in den Veranstaltungskalender. Durch Aufführungen an Schulen kommt die Musik direkt zu den jungen Menschen, die so eine einzigartige Verbindung zum Orchester aufbauen können. Kinderopern, Familienkonzerte und Instrumental-Workshops bieten zudem einem jungen Publikum die Möglichkeit, klassische Musik hautnah zu erleben. In die Adventszeit stimmt der Bachchor Eisenach zusammen mit der Thüringen Philharmonie ein.

● Thüringen Philharmonie Gotha-Eisenach, Reinhardsbrunner Straße 23, 99867 Gotha, Tel. (0 36 21) 2 29 59 90, thphil.de

Wo Hummeln bummeln

Natur!Garten in Bad Langensalza

„Summ, summ, summ, Bienchen summ herum“ … denn hier ist ein Wohlfühlplatz für Summer und Brummer, Flatterlinge und Hüpfer. Und für alle Lebensfülle-Genießer. Das Naturrefugium schmiegt sich an die mittelalterliche Stadtmauer und wird beschützt von ihrem ältesten Eckturm. So behütet gedeiht ein Schatzkästchen der biologischen Vielfalt. Ökologische Anbaumethoden im Gemüsegarten, naturnah angelegte Kleinbiotope, nachhaltige Wassernutzung und strukturreiche Lebensräume locken eine bunte Fauna an. Glücksuchende werden von den schattigen Plätzen unter dem großen Holunderbaum und sonnengewärmten Sitzgelegenheiten im Schutz der alten Stadtbefestigung angezogen. Bei einer Tasse Kaffee oder einem Kaltgetränk lassen sich wunderbar entschleunigte Momente genießen. Dazu wird am Nachmittag auch feinstes Gebäck im Gartencafé angeboten. Neue Energie tanken und sich dabei von der Vielgestaltigkeit der umweltbewussten Gartengestaltung begeistern lassen, kann auch, wer durch den Garten spaziert. Der Duft der Kräuterbeete steigt in die Nase, das Rascheln der Blätter und das Naturkonzert am Teich klingt in den Ohren. Eine bunte Buddelecke unterhält die Kleinen und lädt ein, gemeinsam Sandkuchen zu backen oder das mitgebrachte Picknick zu verputzen.
Workshops, Führungen und eine sensibilisierende Beschilderung bieten Gelegenheiten, mehr über ökologische Zusammenhänge und Kreisläufe, Nachhaltigkeit oder traditionelle Nutzpflanzen und bewusste Ernährung zu erfahren. Sie motivieren zu einer (umwelt-)bewussteren Wahrnehmung. Menschen mit ähnlichen Interessen und Leidenschaften kommen hier zusammen, um sich auszutauschen, an Gemeinschaftsaktivitäten teilzunehmen und voneinander zu lernen. Und die ein oder andere Umweltvision in die Tat umzusetzen. Es ist eine Atmosphäre des Miteinanders, in der man sich ebenso gut aufgehoben fühlt wie Maja und ihre Freunde.
Eine Oase der Ruhe und des Seele-baumeln-Lassens! Ein Ort des Lernens und Verstehens! Hier findet man alles außer Alltagshektik.

● BUND-Umweltzentrum im Natur!Garten, Burggasse 10/11 a, 99947 Bad Langensalza, Tel. (0 36 03) 81 31 25
badlangensalza.bund.net
● ÖPNV: Haltestelle Tennstedter Straße (ca. 500 Meter zu Fuß)

Kosmos der Heilkunst

Apothekenmuseum Bad Langensalza

Im Haus Rosenthal knarzt der historische Holzfußboden unter den Füßen. Dabei erzählt es als eines der ältesten Häuser der Stadt von einer revolutionären Geschichte, die hier in Bad Langensalza ihren Anfang genommen hat – nämlich die des Apothekerberufes. Wie im Mittelalter und in der frühen Neuzeit hier gelebt wurde, zeigen die Holzbohlenstuben eindrucksvoll. Verziert mit wunderschönen Blumenornamenten wurden die einzelnen Bohlen zusammengesteckt, um die Wände des einzig beheizten Raumes des Hauses zu verkleiden. Bei einem Umzug wurden die wertvollen Holzbohlen wieder auseinander- und mitgenommen. An der stuckverzierten Decke verdeutlichen ein doppelköpfiger Adler und die Propheten Daniel und Ezechiel die religiösen Ideale jener Zeit. Die umlaufende Bank bot allen Bewohnern Platz, sich aufzuwärmen und zusammenzukommen. Ein behagliches Plätzchen, das zur Familie gehörte und ein Ort bürgerlichen sozialen Lebens war.

Das Apothekenmuseum selbst bietet einen spannenden Einblick in die Geschichte des Apothekerberufs, der weit ins 19. Jahrhundert ein Handwerksberuf war. Johann Christian Wiegleb, geboren 1732 in Bad Langensalza, hob die Apothekerausbildung auf eine wissenschaftliche Ebene. Sein privates pharmazeutisches Lehrinstitut, das erste seiner Art in Deutschland, legte den Grundstein für die moderne Pharmazie. Im Museum werden die verschiedenen Funktionsbereiche einer alten Apotheke gezeigt, von pharmazeutischen Arbeitsgeräten bis zur handwerklichen Fertigung von Pillen, Salben und Tinkturen.

Der Apothekergarten ergänzt das Museum perfekt. Er wurde zusammen mit einem Apotheker gestaltet und entfaltet im Frühjahr und Sommer seine duftende Pracht. Regelmäßige Führungen und Veranstaltungen, wie Kräuterkurse, Vorträge und Führungen, machen das Apothekermuseum zu einem lebendigen Ort der Wissensvermittlung. Zur Gartenschließung im Oktober können Besucher kleine Pflanzen mit nach Hause nehmen. Für Entspannung sorgt ein schattiges Plätzchen unter dem prächtigen Walnussbaum.

- Thüringer Apothekenmuseum im Haus Rosenthal, Bergstraße 15 a, 99947 Bad Langensalza, Tel. (0 36 03) 81 36 54
  badlangensalza.de
- ÖPNV: Hainichbus, Haltestelle Wiebeckplatz (ca. 300 Meter zu Fuß)

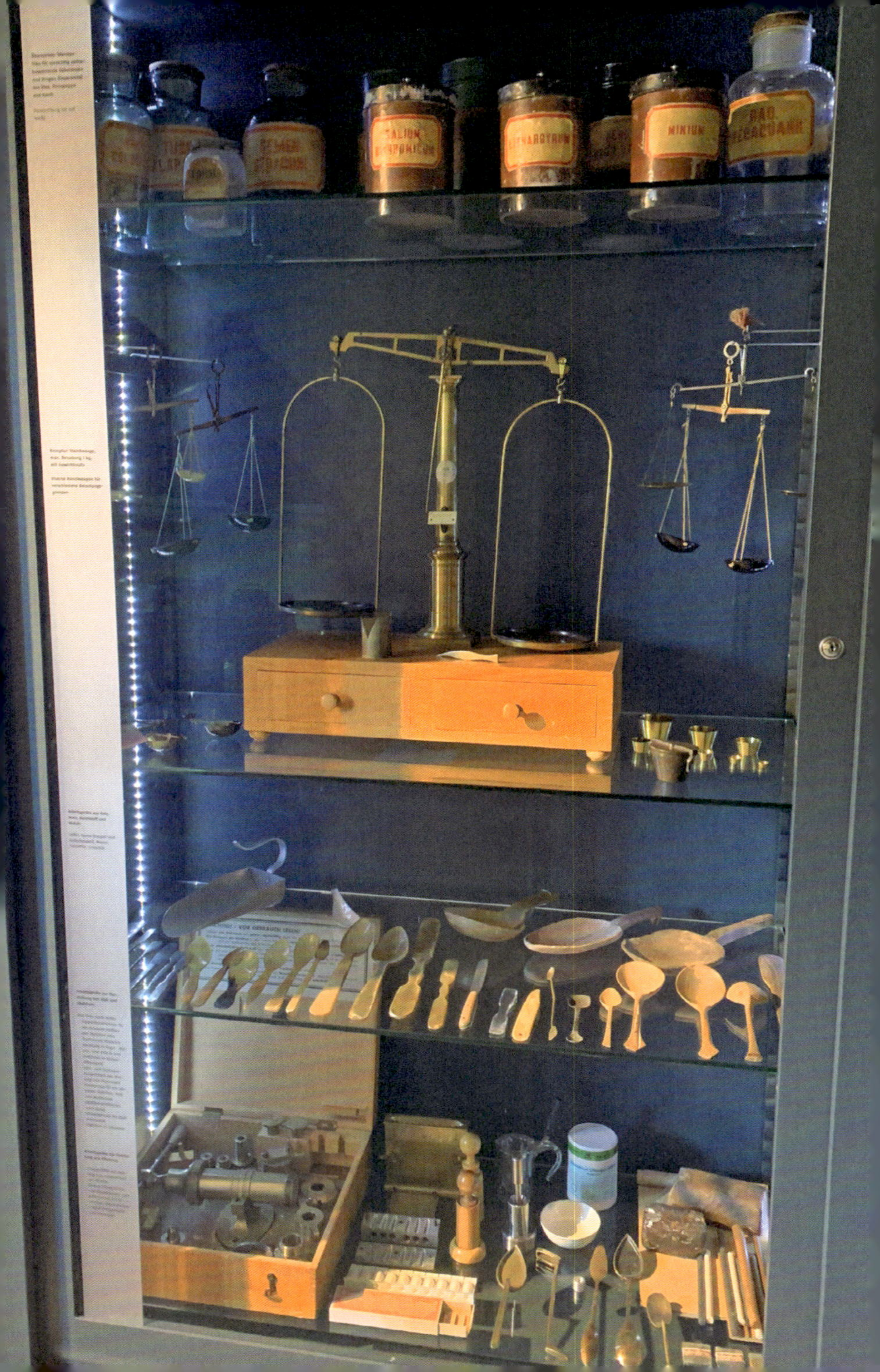
MINIUM

Außergewöhnlich herzlich

Ein ganz besonderer Bahnhof in Heyerode

Der Alte Bahnhof neben dem Grenzhäuschen von Heyerode lädt zum Aussteigen ein – längst nicht mehr aus dem Zug, vielmehr aus dem schnelllebigen Alltag. Ruhig und gemütlich ist es hier. Für jede und jeden ein Platz zum Wohlfühlen: artgerecht für die hier lebenden Nutztiere, modern für die Übernachtungsgäste. Das satte Grün des Hainich umrahmt dieses kleine Paradies. Außergewöhnlich an diesem Idyll ist, dass es von Menschen mit und ohne Behinderung gemeinsam zu diesem Wohlfühlort gestaltet wird. Mit fachlicher Unterstützung und möglichst selbstständig führen und unterhalten sie das beliebte Ausflugsziel. Verschnaufen und erholen und sich dabei eine Prise Pferdeduft gönnen. Die Ponys und Pferde leben hier zusammen mit Zebus und den selten gewordenen Thüringer Waldziegen, mit Hühnern und zufrieden ins Stroh gekuschelten Schweinen. Seit einiger Zeit gibt es auch zwei Alpakas, die sich ganz wunderbar in das bunte Tierensemble einfügen. Bei den Kindern, die mit ihren Eltern gern zum Gucken und Helfen herkommen, sind auch die Kaninchen sehr geschätzt.
Auf der Sonnenterrasse kann man sich bei Vogelgezwitscher und Wasserplätschern eine kühle Erfrischung oder eine Tasse Kaffee gönnen. Die Kinder werden unterdessen auf dem Waldspielplatz unterhalten. Wer das alles länger genießen möchte, kann übernachten. Zum Beispiel in einem der gemütlichen Ferienhäuser. Übernachtungsarrangements für „Zeit zu zweit" oder „Auf Luthers Spuren" mit freundlichem Wohlfühlservice und liebevoll zubereiteten Spezialitäten des Küchenchefs lassen es auch ohne Kinder nicht langweilig werden. Jeden Sonntag gibt es ein großzügiges Mittagsbüfett aus regionalen Zutaten. Richtig lebendig wird es hier im Herbst: Imker, Korbflechter und Drechsler, Musköche und Bäcker zeigen ihr traditionelles Handwerk und das bäuerliche Leben auf dem jährlichen Handwerker- und Bauernmarkt. Kleine Gäste können basteln, ausprobieren, mit Pfeil und Bogen zu schießen, und sogar mit einer Ziegenkutsche fahren – wirklich außergewöhnlich!

● Alter Bahnhof, Bahnhofstraße 69, 99988 Heyerode, Tel. (03 60 24) 6 23 10
landgasthof-hainich.de
● ÖPNV: Haltestelle Heyerode Bahnhof

BAUERNHOF
EINGANG

Wilde Weite

Die Wilde Weide bei Eisenach

Was macht Pferde glücklich? Wer das sehen möchte, sollte das Naturrefugium auf dem Kindel nicht verpassen. Hier in der steppenähnlichen Landschaft kann man sie in ihrem Lieblingslebensraum antreffen. Denn Pferde lieben alles, was weit und offen ist. Pferde ziehen von Ort zu Ort, immer in Obhut ihrer Herde. Sie ist ihr Zuhause. Sie bietet Geborgenheit, Schutz und Freundschaft. Immer in Bewegung. Und die Herde bewegt sich gemeinsam. Ihr Leben findet auf ihren Hufen statt. Es ist ihr Lebensinhalt, ihre Bestimmung, kontinuierlich in Bewegung zu sein. Am liebsten in harmonischem Einklang mit dem Rest der Herde.

Diese Art zu leben, gestaltet auch hier ihren Lebensraum, denn auf dem einstigen Truppenübungsplatz wird durch das Abgrasen von Pflanzen und das Festtreten des Bodens die Verbuschung der Weidefläche verhindert. Auf diesen 120 Hektar leben robuste Konik-Pferde und Exmoor-Ponys, Hochlandrinder, Ziegen und Schafe. Die Weidetiere leben halbwild, aber Besucher haben die Möglichkeit, sie aus nächster Nähe zu beobachten – besonders vom 9 Meter hohen Aussichtsturm aus. Die Wilde Weide ist Teil eines größeren Artenschutzprogramms, das vom Naturschutzbund NABU unterstützt wird und beispielsweise dem Braunkelchen, der Bekassine und der Gelbbauchunke hilft. Es umfasst auch die Errichtung von Nisthilfen für Störche sowie das Aufhängen von Nistkästen für seltene Vogelarten wie Steinkäuze und Wiedehopfe. Dieses Naturreservat bietet nicht nur den Tieren, sondern auch den Menschen die Möglichkeit, sich im Rhythmus der Natur zu bewegen. Auf einem 600 Meter langen Erlebnispfad mit Kletterelementen und einem Infopavillon oder auf dem rund 3 Kilometer langen Nachtigallenweg können Besucher die Weide erkunden. Dabei bleibt das Terrain der Pferde und Rinder den Tieren vorbehalten. Die Weide der Schafe und Ziegen darf jedoch erwandert werden. Manchmal kommen die neugierigen Pferde aber sogar bis an den Zaun, wo sie mit ihren sanften Augen den Menschen betrachten.

- Aussichtsturm Wilde Weide, 99820 Hörselberg-Hainich, Tel. (03 61) 5 73 91 40 05
nationalpark-hainich.de
- ÖPNV: Kulturerlebnisbus, Haltestelle Kindel

Bizarrer Baum

Die Betteleiche im Hainich

Fast tausend Jahre hat dieser Baum überdauert. Seine Rinde ist von den Jahrhunderten gezeichnet, seine Gestalt geformt durch die Kräfte der Natur und die Hände der Menschen. Seine gewaltigen Äste winden sich skurril in die Höhe. Er ist ein Wahrzeichen des Hainich und markiert das Herz des Nationalparks. Diese Eiche hat alte Geschichten zu erzählen und manches sagenumwobene Ereignis erlebt, so wie die Entstehung ihrer markanten Gestalt.

Hier oben auf dem sogenannten Ihlefeld herrschte zu allen Zeiten ein reges Treiben. Im Mittelalter entstand eine Siedlung am Kreuzungspunkt des Hainich-Höhenzuges mit einer der bedeutendsten europäischen Handelsstraßen: der Via Regia. Sie war bereits in germanischer Zeit von Bedeutung. Das Ihlefeld war aber auch ein religiöser Ort. Einige Mönche des Franziskanerordens lebten hier in bescheidener Klausur – nach dem Vorbild des heiligen Franz von Assisi, selbstversorgend und fromm. Die Menschen der Umgebung pilgerten hierher, um geistlichen Beistand zu erfahren. Da sich die Mönche auch um Kranke kümmerten, Seelenmessen für Verstorbene lasen und vorüberziehenden Reisenden und Hilfesuchenden beistanden, erhielten sie dankbare Schenkungen. Lebensmittel und auch Briefe mit Fürbitten wurden am Fuße der stattlichen Eiche abgelegt, wissend, dass die Mönche oft an ihr vorbeikamen. Um diese Gaben vor der Witterung zu schützen, schlugen die Mönche eine Höhlung in den Stamm des Baumes. Regen, Frost und Hitze formten und spalteten über die Jahrhunderte den Baumstamm. Heute kann man aufrecht darin stehen und bewundern, wie dieser Baum seinem Schicksal trotzte und noch heute prächtig und mächtig an seinem Platz steht. Die Mönche sind längst verschwunden, ebenso die ehemalige Siedlung und die Spuren der späteren Nutzung des Ihlefeldes. Auch von der Eiche selbst wird irgendwann nur noch eine Sage übrig bleiben. Doch im Vergehen steckt schon neues Werden. Als Totholz wird sie neues Leben schenken. Symbol der Beständigkeit und des ewigen Wandels.

● Betteleiche, Nationalparkinformation Kammerforst,
Obergut Kammerforst, Straße der Einheit, 99986 Kammerforst
nationalpark-hainich.de/de/ausflugsziele/historische-orte/betteleiche.html
● ÖPNV: Haltestelle Kammerforst/Zollgarten
(kürzeste Wanderung ca. 4 Kilometer)

Wächterin an der Werra

Burg Normannstein in Treffurt

Der Sage nach kamen einst drei Nordmänner ins Werratal und erbauten hier eine Festung. So oder ähnlich fabulierte man im 17. Jahrhundert über die in hellem Muschelkalkstein erstrahlende Burg, die über die hübsche Fachwerkstadt Treffurt zu ihren Füßen wacht. Ob es tatsächlich Nordmänner waren, die hier im 9. Jahrhundert einen ummauerten Turm bauten, um diesen Abschnitt des Werratals zu kontrollieren, ist Spekulation. Tatsächlich hielten sich hier aber im 14. Jahrhundert recht raue Burschen auf. Die Treffurter Ritter, die sich diese Warte zur romanischen Burganlage mit drei markanten Türmen umbauten, standen im Dienste der Landgrafen von Thüringen. Die reiche Gemarkung, die zu ihrer Burg gehörte, weckte allerdings Begehrlichkeiten bei den Nachbarn. Sie wurden deshalb von ihrer komfortabel ausgestatteten Burg – es gab einen Raum, der mit einem wohlig knisternden Kaminfeuer so viel Behaglichkeit spendete, wie es von einer mittelalterlichen Burg eben erwartet werden kann – vertrieben. Dass diese seitdem im Zustand der Ritterzeit erhalten blieb, macht sie heute zu einem interessanten Ausflugsziel. Wer den malerischen Burgstieg an der alten Stadtmauer von Treffurt hinaufgehen möchte, den erwartet oben eine sehr gut erhaltene und aufwendig restaurierte Burg mit Weitsicht über das wunderschöne Werratal und eine moderne Ausstellung über den Lebensalltag des Mittelalters. Welche Hausmittel kannte man damals? Was wurde eigentlich gegessen auf so einer Burg? Mit welchen ungeliebten Mitbewohnern musste man sich diese teilen? Einer sagenumwobenen Mitbewohnerin kann man vielleicht sogar begegnen, wenn man sich in der Dämmerung auf der Burg aufhält: der weißen Frau.

Im Frühjahr ergießt sich vor den Toren der Burg ein Blütenmeer in Pastellrosa. Schon seit drei Jahrhunderten werden hier Kirschbäume gepflanzt und gepflegt. Einst sollen es 25.000 gewesen sein. Dieses zauberhafte Erbe wird liebevoll gepflegt – Brautpaare bekommen ein Kirschbäumchen von der Stadt geschenkt.

TIPP

Der Heldrastein – König des Werratals – bietet einen der schönsten Ausblicke der Welterberegion.

● Ritterburg Normannstein, Burg Normannstein 1, 99830 Treffurt, Tel. (03 69 23) 82 59 09, ritterburg-normannstein.de
● ÖPNV: Haltestelle Treffurt Bahnhof

Verborgene Welten

In der Tropfsteinhöhle Kittelsthal

Mit Blick in das malerische Kittelsthal ahnt man zunächst nicht, was für eine fantastische Welt an diesem Ort unter der Erde ruht. Auch die Bergleute, die vor hundert Jahren zufällig auf diese geologisch bedeutsame Wunderwelt stießen, konnten das nicht ahnen: „Kristalle der Eiskönigin" findet man hier. Zudem eigenwillige Tropfsteinformationen, die außerordentlich selten sind und deren Entstehung bis heute rätselhaft ist. Und Spuren, die verraten, dass dieses Gebiet vor 250 Millionen Jahren eine tropische Insel war. Nur ein Teil der Höhle ist für Gäste zugänglich. Der weitaus größere Teil ist lediglich über eine schmale Spalte zu erreichen, durch die sich Geowissenschaftler wie Jonathan Harjes, der Interessierte zu jeder vollen Stunde durch seine Forschungshöhle führt, hindurchwagen. Er gibt Einblicke in die Forschungsbereiche, erklärt, wie die Tropfsteine in die Höhle hineinkommen, und öffnet einem den Blick dafür, was hier noch alles erforscht werden kann.

TIPP

Die Wanderung über die „tropische Ruhlaer Insel" auf der GeoRoute 9 beginnt an der Höhle.

Zu größeren Veranstaltungen, wie der Saisoneröffnung am 1. April, darf man in der Tiefe ein Klangschalenkonzert erleben. Spannende Märchenführungen, eine österliche Eiersuche, ein Fest zur Sommersonnenwende und das Fest der heiligen Barbara am 4. Dezember werden jährlich veranstaltet. Hier in 50 Metern Tiefe kann man auf besondere Weise zur Ruhe kommen, kann weit in die Erdgeschichte eintauchen und viele kleine Welten selbstständig erkunden. Besonders schön ist, dass Jonathan bei seiner Führung Kinder als interessierte Forscher ernst nimmt. Sie dürfen selbstständig mit der Taschenlampe auf Spurensuche gehen, haben Raum und Zeit für Fragen und eigene Entdeckungen. Das macht nicht nur Kinder glücklich. Für die Erwachsenen ist es ausgesprochen inspirierend, beim Klang von klassischer Musik, die in alle Nischen und Nebenhöhlen dringt, diese bizarre Welt auf sich wirken zu lassen. Bevor es wieder an den Aufstieg geht, wird noch das Geheimnis der Wunschtropfen verraten. Aber das sollte jeder selbst herausfinden …

- Tropfsteinhöhle Kittelsthal, Bergstraße, 99842 Ruhla, Tel. (01 60) 94 45 09 73
  ruhla.de
- ÖPNV: Haltestelle Thal/Post (ca. 900 Meter zu Fuß)

Genussvolles Landleben

Landfactur Kirchheilingen

Wer es ernst meint mit dem Wunsch, Gutes zu genießen, das vor der Haustür geerntet und zubereitet wurde, der findet hier das Glück, das auf der Zunge zergeht. Ehrliche Aromen, eingefangen für traditionelle und innovative Spezialitäten, kann man im Hofladen der Landfactur finden. Bisweilen darf man zuschauen, wie sie hergestellt werden. Einige Inspirationen kommen geradewegs vom „langen Tisch", zu dem ältere Menschen der Umlanddörfer einmal im Monat zum Kaffeeklatsch geladen werden.

Wochensuppe? Diese reichhaltige Fleischbrühe vom Täubchen ehrt eine alte Tradition, frischgebackenen Müttern Kraft zu schenken. Ihr Name erinnert an die Zeiten, als solche Mahlzeiten als Zeichen der Fürsorge und Liebe überbracht wurden. Zarte Butterplätzchen? Die 18 handgebackenen Sorten bieten einen süßen Moment des Glücks. Unstrut-Wein? Eine kleine Parzelle bei Großvargula entlang der Unstrut ist nicht nur ein Weinberg, sondern ein Ort der Gemeinschaft. Freiwillige aus dem Ort helfen bei der Ernte und machen so jede Flasche zu einer heimatverbundenen Sinnenfreude. Gern zum Verschenken gekauft werden der würzige Senf, die aromatischen Öle und Liköre, die feinen Marmeladen. Die Senfsamen werden vor Ort angebaut, die Heidelbeeren von Hand gepflückt, die Holunderblüten in der Region gesammelt. Von den umliegenden Streuobstwiesen kommen Äpfel, Birnen und Quitten, deren alte Sorten es heute kaum noch gibt. Sie werden unter anderem zu vielfältigen Likören veredelt. Echte Qualität kommt eben niemals aus der Mode – ebenso wie die Wertschätzung guter Ideen und die Liebe zum Detail. Bei der Landfactur sind die Mitarbeiter nicht nur Hersteller, sondern auch stets auf der Suche nach Möglichkeiten, die kleinen Kreisläufe wieder zu etablieren und eine nachhaltige Zukunft zu schaffen.

Wer gern per Rad unterwegs ist, wird in der Landfactur ebenfalls herzlich mit einem kühlen Getränk und einem Imbiss im Biergarten vor dem Hofladen empfangen.

TIPP

Eigenes Obst zur Entsaftung zur Landfactur bringen und den gewonnenen Saft mit nach Hause nehmen.

- Landfactur, Bahnhofstraße 186 a, 99947 Kirchheilingen, Tel. (03 60 43) 7 20 41 landfactur.de
- ÖPNV: Haltestelle Kirchheilingen Schule (ca. 1 Kilometer zu Fuß)

Bärlauch
Senf
Scharfer
47g
Quitten - Gelee
Großvargula/Unstrut
mons lupi
Mehrwegglas
Spitzenqualität vom Imker
ECHTER DEUTSCHER HONIG
250g
Sommertracht-honig
Likör
Trauben-Likör
Ingwer-Likör
Inhalt: 210 g
Bahnhofstraße 186a, Kirchheilingen

Grüner Jakobsweg

Erinnerungslandschaft „Grünes Band“

Ein Vergleich mit dem Jakobsweg drängt sich Glücksuchenden auf, wenn sie entlang des Grünen Bandes auf Entdeckungsreise gehen: Hier kann man Dinge hinter sich lassen, nach vorn blicken. Entlang der ehemaligen innerdeutschen Grenze entfaltet sich eine (grüne) Bandbreite an Perspektiven. Sie versöhnt und mahnt. Sie bewahrt und erneuert. Dieses lebendige Naturdenkmal ist als Teil der European Green Belt wie kaum eine andere Region symbolträchtig für das Friedensprojekt Europa. Das Grenzmuseum Schifflersgrund ist dabei ein Beispiel von vielen. Ein sehr erbauliches! Menschen, deren Heimat seit der Friedlichen Revolution wieder mitten in Deutschland liegt, erhalten hier gemeinsam ein einzigartiges historisches Erbe. Allen voran die Bewohner des hessischen Bad Sooden-Allendorf, die sich mit der Gründung eines Vereins bereits vor der Wiedervereinigung für das Gedenken an und die Aufarbeitung von Schicksalen an der nahe liegenden Grenze starkmachten. Heute wird diese älteste Grenzgedenkstätte von Thüringen und Hessen gemeinsam weiterentwickelt. Jüngstes Projekt ist ein neues Informationszentrum. Erlebten (Grenz-)Geschichten aus Ost und West kann man dort lauschen, Hintergründe interaktiv erfahren. So rückt sie ganz nah, die glückliche und weniger glückliche Vergangenheit – zumal, wenn der Blick aus dem Panoramafenster dem Grenzverlauf folgt.

TIPP
Interaktiv per angebotener App den Grenzwanderweg ab Gedenkstätte Schifflersgrund entdecken.

Der wird an diesem Ort aber auch in die Zukunft gerichtet. Nicht nur mit unserer jüngeren und europäischen Geschichte soll hier verantwortungsvoll umgegangen werden. Gleichzeitig wird mit umweltschonendem, naturnahem Tourismus ein Schatz für die Zukunft gehoben: Biodiversität und Artenvielfalt in Hülle und Fülle! Auf einem erholsamen Spaziergang im satten Grün des Schifflersgrundes kann man den ungewöhnlichen Artenreichtum entdecken, der über Jahrzehnte gedeihen konnte. Multimediale Informationstafeln erschließen den Rundweg kulturhistorisch. Umwelt- und Geschichtsbildung werden so glücklich verbunden und bereichern einander.

● Grünes Band, Grenzmuseum Schifflersgrund, Platz der Wiedervereinigung 1, 37318 Asbach-Sickenberg, Tel. (03 60 87) 9 84 09, grenzmuseum.de

GREEN BELT

Besonnene Selbstbehauptung

Historisches Rathaus in Mühlhausen

Mitten in der Stadt steht das Rathaus von Mühlhausen eher versteckt. Seine innere Größe und seine Pracht aber machen den selbstbewussten Anspruch auf Souveränität der Reichsstadt deutlich. Unmittelbar dem Kaiser unterstellt, musste sich die Bürgerschaft vor allem in Zeiten politischer und religiöser Wirren auf die eigene Stärke verlassen. Schon im 13. Jahrhundert errang sie durch ein eigenes Vertretungsorgan die Stadtherrschaft. Zeugnis dieses Aufschwungs ist das Rathaus, erbaut über der Schwemmnotte, die vordem den älteren vom neueren Stadtteil trennte.

Vom Rathaussaal aus gelangt man zu den Glanzstücken des Gebäudes, dem restaurierten Reichsstädtischen Archiv, dessen originale Bestände bis zum Rechtsbuch von 1220 zurückreichen, und der Ratsstube. Hier tagte der Stadtrat und nach den Bauernkriegen auch der Fürstentag. Bedeutend ist die Wandbemalung: Lebensgroß und gleichrangig dargestellt, wachen sechs Fürsten als Vertreter der Stände über die Tagenden. Ihre Entscheidungen sollten tugendhaft sein – getroffen mit Mäßigung und (Nächsten-)Liebe, gerecht, mit Tapferkeit und christlicher Hoffnung. Dazu rufen auch weitere Wandmalereien des Rathauses durch Fabelverweise und Inschriften auf. Die Ratsstube spiegelt das Selbstverständnis des Heiligen Römischen Reiches Deutscher Nation – eine Einheit von Kaiser, Kurfürsten und den Reichsständen, darunter Herzöge und Landgrafen sowie Reichsstädte, Bürger, Dörfer und Bauern. Sie alle waren gleichermaßen Teil des großen Ganzen, des Reiches und der Kirche. In Zeiten des Interregnums und der Reformation wurde diese Ordnung herausgefordert. Welcher war der rechte Kaiser? Welcher der rechte Glaube? Die Mühlhäuser behaupteten sich und wurden schließlich protestantisch. Auch wenn das wohl nicht so ablief wie auf dem 1960 entstandenen Gemälde im Saal zum Wirken des Reformators Thomas Müntzer.

Die Stadtgeschichte ist geprägt von Stolz und Mut zum Wandel, reflektiert in der Architektur und den Kunstwerken des Rathauses.

TIPP

Als Organist der sehenswerten Divi-Blasii-Kirche komponierte Bach 1708 die Ratswechselkantate.

- Historisches Rathaus, Ratsstraße 19, 99974 Mühlhausen, Tel. (0 36 01) 45 20 muehlhausen.de
- ÖPNV: Kulturerlebnisbus und Nationalparkbus, Haltestelle ZOB (ca. 500 Meter zu Fuß)

Gute Aussichten

Weitsicht auf dem Hülfensberg

Panoramablicke kann man vielerorts im etwas höher gelegenen und hügeligen Eichsfeld genießen, doch dieser hier ist etwas ganz Besonderes: Er ist den Menschen, die hier leben, jahrzehntelang verwehrt worden. Einstmals innerdeutsches Grenzgebiet, war es den Machthabern der ehemaligen DDR suspekt, wie weit hier der Blick in den „feindlichen Westen" reicht. Bis nach Eschwege und Heldra kann man schauen. Einst wachte deshalb ein Grenzsoldat über den lohnenden Ausblick. Niemand durfte sich ihm so nähern, dass er Sehnsüchte oder gar Hoffnungen auf ein Leben im anderen Teil Deutschlands bei diesem Anblick hätte entwickeln können. Im Mai 1990 wurde von den Bewohnern der umliegenden Ortschaften und über 500 Pilgern ein Eichenkreuz neben dem Aussichtspunkt errichtet. Es erinnert und mahnt. Es drückt die heutige Verbundenheit, den Wert des Friedens und die Lebensfreude in einer intakten Umwelt aus. Das Kloster Hülfensberg im Rücken und den Blick in die Ferne lässt sich an diesem Aussichtspunkt auf dem Hülfensberg über die glückliche Fügung der Geschichte, die die Menschen auf beiden Seiten dieses Berges wieder zusammengeführt hat, nachsinnen. Auf der anderen Seite des Berges, der ebenfalls eine großartige Aussicht bietet, thront ein Kreuz von gewaltiger Größe. Es wurde 1933 errichtet. Die katholischen Eichsfelder haben sich schon immer trotzig ihre religiöse Enklave mitten im protestantischen Kernland bewahrt und ihre Traditionen sorgfältig gepflegt. Ob sie auf dem Hülfensberg gesehen haben, dass starke Wurzeln auf lange Sicht weltliche Machtstrukturen überdauern?

Beides – das Franziskanerkloster und das wunderbare Panorama – werden auf dem Berg der heiligen Hülfe von einem dichten Wald behütet. Vom Fuße des Berges aus verrät nur der weithin hörbare Klang der Kirchenglocken, dass er ein erst in der letzten Wegbiegung sichtbares Geheimnis bewahrt. Einen Glücksort, an dem Pilger und Sinnsuchende eingeladen sind, eine Mitlebewoche zu verbringen. Wenn es dir guttut, dann komm!

● Franziskanerkloster Hülfensberg, Hülfensberg 1, 37308 Geismar, Tel. (03 60 82) 4 55 00, huelfensberg.de

Zusammen Freude erleben

Natur- und Kunstwerkstatt in Thamsbrück

Während sich das erste Sonnenlicht über die weite Landschaft ausbreitet und man das Farbenspiel und die stille Magie des aufziehenden Morgens erlebt, ist es leicht, sich als Teil des Großen und Ganzen zu fühlen. Vorbei am Zauberplatz, dem man seine Wünsche anvertrauen kann, geht es durch den Brombeerbogen zurück zur Kunstscheune der Naturwerkstatt. Hier ist Raum für generationsübergreifenden Austausch. Wo Alt und Jung zusammenkommen, um voneinander zu lernen und gemeinsam zu gestalten, Ideen sprudeln und Gemeinschaft entsteht. Ob beim Töpfern, Filzen oder gemeinsamen Malen – es entsteht etwas Schönes, das aus der Kreativität und Erfahrung aller Beteiligten geboren wird. Denn hier geht es nicht nur darum, Probleme zu vergessen, sondern Freude am Leben zu haben. Darum, Ausdruck und Heilung für innere Prozesse zu finden. Darum, zur Ruhe zu kommen, ein Stück Freiheit zu erfahren und sich der kreativen Tätigkeit hinzugeben. Die Freude am Tun steht im Vordergrund. Kunst macht stark ist das Motto. Ein zentraler Gedanke des Naturgartens ist es, Kinder wieder zurück aufs Land zu bringen. Sie an handwerklichen Tätigkeiten teilhaben zu lassen und ihnen ein naturnahes Leben zu ermöglichen. Ob beim Teigkneten, Kräutersammeln oder der Herstellung von Kräuterquark, sie erfahren, dass es auch ohne Zusatzstoffe und Maschinen geht, nur mit den Händen und dem Werkzeug, das sie bedienen können. Sie können am Feuer sitzen und sich ihr eigenes Essen in Gemeinschaft zubereiten – zur Einfachheit und den Ursprüngen des Lebens finden. Das Obergeschoss des Hauses bietet Raum für Entspannungsreisen, Yoga und Meditation, um gemeinsam mit anderen Glücksuchenden das Leben zu genießen. Antje Wollenhaupt, die Gründerin der Naturwerkstatt, glaubt daran, dass man das tun sollte, was einem Freude macht. Sie verkörpert diese Philosophie und inspiriert damit Kinder und Erwachsene gleichermaßen. Hier wird das Leben in all seinen Facetten gelebt und gefeiert.

- Natur- und Kunstwerkstatt e. V., Herrenstraße 6,
99947 Bad Langensalza OT Thamsbrück, Tel. (01 62) 7 22 50 24
naturundkunstwerkstatt.de
- ÖPNV: Haltestelle Thamsbrück (ca. 400 Meter zu Fuß)

Märchenhaft erholsam

Idyllischer Kurpark in Heilbad Heiligenstadt

Von dem den Felsen hinunterstürzenden tosenden Wasser der Kaskade geht vor allem an heißen Sommertagen eine erfrischende Kühle aus. Eine Holzskulptur der Regentrude wacht an der Brücke daneben, damit dieser lebenswichtige Strom nicht versiegt. Hier hat sich Theodor Storm, der einige Jahre in Heiligenstadt lebte und schrieb, für sein bekanntes Märchen von dieser Naturgottheit inspirieren lassen. Es erzählt von einer Dürre, die das Land heimsucht, weil die Regentrude schläft. Ein junges Paar macht sich auf den Weg, um sie zu wecken und den erlösenden Regen zurückzubringen. Mit Mut und Entschlossenheit überwinden sie die Herausforderungen ihrer abenteuerlichen Reise. Sie wecken schließlich die Regentrude mit einem Zauberspruch und das Land erblüht wieder. Im Märchen wird eindrücklich auf die Balance zwischen Mensch und Natur verwiesen und auf die Verbindung zwischen ihnen, die im Einklang sein sollte. Darauf, dass es Beherztheit braucht, um auf diese Verbundenheit zu verweisen. Und manchmal wünscht man sich, den richtigen Zauberspruch zu kennen, um die Dinge wieder ins Gleichgewicht zu bringen.

Heute befindet sich die beeindruckende Kaskade mitten im Heinrich-Heine-Park der Kurstadt. Ihren Namen hat die Parkanlage dem zweiten berühmten Dichter zu verdanken, der eine Verbindung zu Heiligenstadt hat. Im Geheimen ließ Heinrich Heine sich hier taufen. Ein Spaziergang durch den weitläufigen Park ist schon wegen seines alten Baumbestandes wohltuend. Idyllische Sitzgelegenheiten und ein historisches, sehr gut unterhaltenes Kneippbecken wecken auch ohne Zauberspruch die eigenen Lebensgeister. Wer mag, flaniert bis zum Märchenpark, in dem man noch weiteren fabelhaften Figuren aus bekannten Volksmärchen begegnet. Sie erinnern daran, dass die Stadt Teil der Deutschen Märchenstraße ist, die von Hanau bis zu den Bremer Stadtmusikanten führt. An vier Sonntagen im Sommer finden im Schloss des Parks Märchenerzählungen statt.

TIPP

Energiereserven auffüllen im Vitalpark mit Therme, Fitnessangeboten und sonntäglichen Kurkonzerten.

● Heinrich-Heine-Kurpark, 37308 Heilbad Heiligenstadt, Tel. (0 36 06) 67 70
heilbad-heiligenstadt.de
● ÖPNV: Haltestelle Kurpark

Markt mit Musik

Wochenmarkt mit Orgelkonzert in Bad Langensalza

Das rege Markttreiben rund um das Rathaus ist ein echtes Highlight für die Kurstadt. Für viele Menschen aus der Region ist der Markttag am Mittwochvormittag ein fester Termin: Man trifft sich, kauft Bewährtes, probiert Neues und genießt die Atmosphäre. Und hat eine beeindruckende Auswahl, denn immerhin 36 verschiedene Händler kommen an jedem Markttag hier zusammen. Das sind so viele wie in keiner anderen Stadt der Region. Da gibt es Milchprodukte von glücklichen Kühen und biologisch erzeugte Wurst, frisch geräucherten Hering sowie regional erzeugtes Obst und Gemüse. Diese Vielfalt zieht zahlreiche Gäste in die beschauliche, von Fachwerkhäusern geprägte Innenstadt. Im Winter werden die Bäume ringsum mit bunten Bommeln geschmückt und bestrickt – ein farbenfroher Akzent in der dunkleren Jahreszeit.

Das i-Tüpfelchen ist das Mittagskonzert in der Marktkirche St. Bonifacii, das den Markttag zum Klingen bringt. Ab Anfang Mai bis Ende September wird Orgelmusik mit feierlichen Trompetenklängen geboten. Wer den Organisten Albrecht Lobenstein anspricht, kann seine Wunschmelodie als improvisierte Orgelsinfonie genießen. Die Idee mit den Wunschkonzerten beschenkt die restaurierungsbedürftige Petersilien-Orgel der Marktkirche mit einer neuen Aufgabe, denn für traditionelle Orgelliteratur ist sie nicht mehr geeignet. Dieses besondere musikalische Vergnügen ist seit Jahren sehr beliebt.

TIPP

Nach der Orgelandacht gleich der wöchentlichen Stadtführung mit Begehung des Kirchturms anschließen!

Friedrich Erdmann Petersilie baute zusammen mit seinem Sohn Otto ab 1850 in der gemeinsamen Werkstatt in Langensalza etwa 80 Orgeln. Von diesen sind 60 heute noch erhalten, und die größte kann noch immer in der Bergkirche von Bad Langensalza bespielt werden. Mit diesen Orgeln wurde die deutsche Orgelromantik exportiert, die man heute nicht mehr häufig hören kann: Weiche Flöten, zurückhaltend intonierte Streicher, Klangkronen ohne Ecken und Kanten erklingen raumfüllend und voluminös. Vornehm zurückhaltend, aber dennoch kraftvoll – genau wie die Marktkirche, in der sie heute in neuer Weise zu hören ist.

- Wochenmarkt Bad Langensalza, Neumarkt, 99947 Bad Langensalza, Tel. (0 36 03) 85 91 47, badlangensalza.de
- ÖPNV: Hainichbus, Haltestelle Wiebeckplatz

er geräuchert
orellen
corhynchus mykiss
00g = 1,60€
aibling
F(R)IS
aus de
For
Oncorhynch
Saib
aus Hobby-Aq
in meinem Müh
Wilfried Herzber
Luttermühle 1 | 37359
Telefon: 017 111 777
BIO
demeter

Erstaunliches Kleinod

Kirche und Spital in Großengottern

Am Ortseingang begrüßt der mittelalterliche Marktflecken Großengottern die Ankommenden mit einem denkmalgeschützten Blickfang. Vor dem heute nicht mehr existierenden Langensalzaer Tor entstand vermutlich um 1347 mit dem Spittel ein Ort, an dem Bedürftige und Kranke Trost, Rat und Gebet fanden. Das einzigartig authentische Bauensemble des St.-Andreas-Hospitals umfasst die Hospitalskapelle, das kleine Spitalgebäude, Ställe, eine Werkstatt und ein Abort. Einst gehörte das Hospital zu den 39 bislang im heutigen Thüringen bekannten Leprosorien: Leprakranke wurden hier aufgenommen und mit geistigem Beistand, abwechslungsreicher Kost, Krankenpflege, Sauberkeit und Ruhe umsorgt. Mit dem Rückgang der Lepraerkrankungen wurde das Spittel auch für andere zum Zufluchtsort. Wer keine Familie (mehr) hatte, auf deren Fürsorge er im Alter zählen durfte, konnte sich hier als sogenannter Pfründner einkaufen – eine Art Vorläufer heutiger Altersheime entstand. Dafür wurde der einstige Schlafsaal in mehrere kleine Stuben aufgeteilt, um mehr Privatsphäre zu ermöglichen.

Jahrelangen Bemühungen des bereits über hundert Mitglieder umfassenden Fördervereins ist es zu danken, dass das Spittel nun wieder erblüht ist. Und so erzählen der neue Kalkputz an den Fassaden, das liebevoll mit Leihgaben aus der Gemeinde zusammengestellte Mobiliar und die gepflegten Rosenbeete auf dem kleinen Vorhof noch von etwas anderem: dem tatkräftigen Gemeinsinn der „Gotterschen". Mit viel Zeit und Arbeitskraft haben sie sich für die schließlich von der Denkmalpflege vollendete Restaurierung eingesetzt. An der Tür zur Kapelle ist ein Hinweis mit der Telefonnummer der Vorsitzenden des Spittel Vereins Veronika Klein befestigt. Da sie direkt gegenüber wohnt und vor allem, weil es ihr Herzensprojekt ist, wird sie gern herüberkommen und kenntnisreich durch die kleine Ausstellung und über das Spitalgelände führen.

TIPP

Die beiden Kirchen des Ortes sind täglich für Besucher geöffnet und laden zur Besichtigung ein.

● St.-Andreas-Kirche und -Spital, 99991 Großengottern
spittel-ev-grossengottern.de
● ÖPNV: Haltestelle Großengottern Bahnhof

See the light

Puschkinhaus und Logengarten Mühlhausen

Nur ein Detail verrät den Geist, der das Ensemble aus Park, Biergarten, Gastwirtschaft und Veranstaltungshaus durchdringt: Auf den Griffen der Flügeltür zum Puschkinhaus prangen Zirkel und Winkelmaß. Diese freimaurerischen Symbole verweisen nicht nur auf die Geschichte des im 19. Jahrhundert von der Mühlhäuser Loge bezogenen Gebäudes, sondern auch auf die lebendige Tradition, die dort bis heute fortgeführt wird. Im kleinen Saal, dessen Atmosphäre an die Salons der Aufklärung erinnert, wo die Freimaurerei ihre Ursprünge hat, finden beispielsweise Gesprächsrunden für Neugierige statt. Die Türen sind geöffnet für alle, die interessiert und offen sind. Gäste werden als fruchtbarer Regen angesehen, der das eigene Dasein bereichert. Auch der parkähnliche Garten, ein Hortus conclusus mit Liegestühlen und einem Spielplatz für die Kleinsten, öffnet sich als Rückzugsort für Familien und Erholungssuchende. Sonnenstrahlen tanzen durch die Blätter der alten Sommerlinden, Kastanien und Eichen und verleihen dem Logengarten eine magische Ruhe. Hier, im Schutz des Grüns, kann man Begegnungen und kulturelle Entdeckungen erleben. Das Areal gehört dem Priorat für Kultur und Soziales e. V. Der Name verrät, dass es dem Verein darum geht, Menschen zusammenzuführen. Für Kinder und Teenies gibt es das Freiluft-Wunschkino. Unter freiem Himmel auf bequemen Sitzkissen und mit einem Slush-Eis in der Hand lässt sich der Sommer wunderbar genießen. Die große Freilichtbühne hat man vom Biergarten aus gut im Blick. Ein Come-together, am liebsten untermalt von erstklassigem Jazz. Das Festival Clarinet and Friends unter der Leitung von Helmut Eisel lässt den Garten mit einer musikalischen Vielfalt erklingen. Und wenn der Sommer endet, erstrahlt der Garten im Lichterglanz des Winterleuchtens. Die Adventszeit wird eingeläutet – im Einklang mit Herders Maxime: Licht, Liebe, Leben.

Das Winkelmaß hilft, die uns geschenkte Zeit sinnvoll einzuteilen – und dieser Ort bietet Raum, um sie bewusst zu gestalten.

TIPP

Innovative frische Küche in lichtdurchfluteten Räumen serviert, bietet das Restaurant Logenhaus.

● Logenhaus Mühlhausen, Puschkinstraße 3, 99974 Mühlhausen, Tel. (0 36 01) 40 22 04, logenhaus-mhl.de

● ÖPNV: Haltestelle Bastmarkt (ca. 300 Meter zu Fuß)

Fachwerkperle an der Werra

Treffurt

Drei Furten durch die Werra, die hier durch verwunschene Landschaften mäandert, haben die Menschen einst bewogen, eine Stadt zu gründen: Treffurt wurde 1104 erstmals urkundlich erwähnt, als der Ritter Pilgrim de Trifurte als Zeuge einer Altarweihe benannt wurde. Noch heute umarmt die Stadtmauer aus dem 13. Jahrhundert dieses malerische Ensemble prächtiger Fachwerkhäuser.

Der Marktplatz ist ein schöner Ausgangspunkt für einen entspannten Spaziergang durch die historischen Altstadtgassen. Geschichte und Bedeutung vieler markanter Gebäude sind stilvoll beschildert. Ihre Namen erzählen bereits ganze Geschichten. So das Ohrfeigenhaus. Bei dessen Erbauung fing sich der Legende nach der hessische Amtmann Bley eine Schelle von seinem fürstlichen Vorgesetzten ein, da das von ihm erbaute Haus zu prunkvoll und kostspielig sei. Der Mainzer, der Hessische und der Sächsische Hof zeugen davon, dass Treffurt mit Schwert und Löwenkräften gleich von drei einflussreichen Fürsten des Mittelalters beschützt wurde. Diese interkonfessionelle Herrschaft über die Stadt war eine absolute Besonderheit im Reich. Auch ihre spätere Lage an der ehemaligen innerdeutschen Grenze hatte für sie letztlich einen bewahrenden Einfluss. Seit der Wiedervereinigung haben sich ihre Bewohner mit viel Engagement um die aufwendige Renovierung bemüht. Heute erstrahlt die Stadt als kleines Juwel entlang der deutschen Fachwerkstraße am idyllischen Mittellauf der Werra.

Eines der schönsten und ältesten Fachwerkhäuser der reich bestückten Stadt ist jenes in der Kirchstraße 31, das 1546 erbaut wurde. Die schmale, hohe Bauweise der Gotik, verbunden mit schmückenden Zierelementen der beginnenden Renaissance, machen das Haus zu einer architektonischen Kostbarkeit, das die Wirren der Geschichte und sogar die verschiedenen Stadtbrände überstanden hat. Am Ende des Rundgangs lässt es sich im italienischen Restaurant am Marktplatz mit Blick auf das prachtvolle Renaissance-Rathaus herrlich verweilen.

TIPP

Den Lauf der Werra durch Wald, Wiesen und Muschelkalkfelsen mit dem Kanu ab Treffurt entdecken.

- 99830 Treffurt, treffurt.de
- ÖPNV: Haltestelle Treffurt Bahnhof

1999

Verborgene Welten

In den historischen Kellern Bad Langensalzas

Die hübsche Fachwerkstadt Bad Langensalza ist auf einem festen Fundament gebaut – auf „Thüringer Marmor". So wird der edle Travertin gern bezeichnet, für den die Kurstadt weithin bekannt ist und der der Stadt ihren charakteristischen mediterran anmutenden Charme verleiht. Wer einst „steinreich" war, errichtete sein Haus aus dem hellen Süßwasserkalk. Noch bemerkenswerter ist, dass die historischen Keller der Stadt meist direkt in den Naturstein gehauen wurden. Noch heute kann man die natürlichen Adern des Steins, die sogenannten Flötze, in den Wänden der Keller erkennen. Dabei berichten die unterirdischen Gewölbe von Wandel und Beständigkeit. Während sich die Stadt oberirdisch veränderte, blieben sie an ihrem Platz erhalten. Eindrucksvoll zu sehen ist das bei einer Führung durch die Keller der Marktstraße. Hier führt der Kellereingang eines Hauses unter das nebenstehende Gebäude. Spannend ist, dass sie kaum kartiert sind. Immer wieder kommt es bei Renovierungsarbeiten zu überraschenden Entdeckungen neuer Keller. So sind schon ganze Minibagger versehentlich eine Etage tiefer gefallen und kurzzeitig verschwunden ... Manche dieser unterirdischen Labyrinthe erstrecken sich über bis zu drei Etagen und eine Fläche, die ein ganzes Stadtviertel umfassen kann. Auf dem Neumarkt beim Rathaus ermöglichen Sichtfenster im Boden den Vorbeigehenden einen spannenden Blick in diese verborgene Welt unter dem Straßenpflaster. Bei Führungen können einige dieser Souterrains voller Geschichte(n) besichtigt werden. Dann sieht man auch, dass die Bürger der Stadt bereits über eigene Wasseranschlüsse verfügten: Ein Brunnen im Keller bot einen außergewöhnlichen Komfort.
Heute werden einige dieser historischen Keller für festliche Anlässe und Veranstaltungen genutzt, beispielsweise während des Weihnachtsmarktes. Die Keller von Bad Langensalza sind damit nicht nur steinerne Zeugen der Vergangenheit, sondern auch ein lebendiger Teil der heutigen Stadt.

● Historische Keller, Touristinformation Bad Langensalza, Bei der Marktkirche 11, 99947 Bad Langensalza, Tel. (0 36 03) 83 44 24
citymanagement-badlangensalza.de
● ÖPNV: Hainichbus, Haltestelle Wiebeckplatz (ca. 400 Meter zu Fuß)

Blaue Wunder

Karstquellen der Bruchwiesen von Bad Tennstedt

Ein smaragdgrün, türkis und leuchtend blau changierender Juwel liegt unscheinbar zwischen hohen Baumgruppen am westlichen Rand des Kurstädtchens Bad Tennstedt. Drei Quelltrichter – das Gläserloch, das Kutscherloch und der Bruchteich – sind hier zu bewundern, aus denen glasklares, sehr kalkhaltiges Wasser mit 100 Litern pro Sekunde austritt und im Sonnenlicht ein bezauberndes Farbenspiel entfaltet. Als würde die Natur selbst aus tiefblauen Augen auf den Betrachter zurückschauen. Armleuchteralgen bewegen sich wie züngelnde Flammen eines Lagerfeuers im leisen Strom des Wassers. Ein Unterwasserzauberwald. Niemand würde sich wundern, wenn plötzlich eine kleine Nixe hindurchgleiten würde. Quellen wie diese haben die Fantasie der Menschen schon immer als geheimnisvolle Orte und Wege in die Unterwelt beflügelt. Mystische Geschichten von Wassergeistern werden munkelnd weitergegeben. Da ist wie beim Kutscherloch von ganzen Kutschen die Rede, die in den sagenhaften Wassertiefen verschwunden seien. Umgeben ist dieses Naturdenkmal von urwaldartigem Dickicht. Das Naturschutzgebiet Bruchwiesen beheimatet verschiedene gefährdete Tier- und Pflanzenarten.

Der Name Bruchwiesen verweist auf die Entstehungsgeschichte: Was einst ein riesiges urgeschichtliches Meer war, hat sich im Laufe der Jahrmillionen zu einer einzigartigen Karstlandschaft entwickelt. Durch feine Spalten und Ritzen läuft das Regenwasser ins Innere der Gips- und Muschelkalkschichten. Dort bilden sich durch Auswaschungen größere Höhlen und unterirdische Flüsse. Ihr Wasser tritt dort aus, wo Erdfälle oder, wie im Falle des Bruchteichs, ehemalige Steinbrüche Löcher in der Landschaft zurücklassen. Diese Quellen speisen auch das Kneippbecken im Kurpark der Stadt, der auf der anderen Seite des hübschen historischen Stadtkerns liegt. Bereits Johann Wolfgang von Goethe hat 1816 in den Tennstedter Schwefelquellen gekurt. Es wird erzählt, dass er sich von den Karstquellen für seine Farbenlehre inspirieren ließ.

● Bruchwiesen, Langensalzaer Straße, 99955 Bad Tennstedt
stadtbadtennstedt.de
● ÖPNV: Haltestelle Rewe Markt (ca. 600 Meter zu Fuß)

Verweile doch ... !

Barocker Schlossgarten Ebeleben

Pomonas sanfter Blick schweift über den harmonisch gegliederten Garten, über den schmalen Wasserlauf des Mühlgrabens bis zum Hirschbrunnen und schließlich zu den beiden Reiterbrunnen. Der Göttin der Baumfrüchte und allegorischen Verkörperung des Herbstes steht der lebensgroße Merkur zur Seite. Sie beide haben den schönsten Ausblick über das mittlere und das untere Parterre der in Terrassen angelegten Gartenanlage. Zwischen ihnen rauschte einst das Wasser von den Grotten am oberen Ende die Stufen der Großen Kaskade hinab. Am unteren Ende des künstlich angelegten Wasserfalls wartet Neptun auf die Leben spendenden Wasser. Oberhalb krönen überlebensgroß Minerva, Flora, Ceres und Proserpina die künstlerische Gartengestaltung. Sie verkörpern die Jahreszeiten, aber auch die Elemente.

TIPP

Der Hofladen der Diakonie Doppelpunkt e. V. bietet regionale Produkte aus eigener Herstellung.

Die Kaskade mit ihren steinernen Göttinnen ist das Prachtstück dieser höfischen Gartenkultur. Überhaupt spielt das Element Wasser eine wichtige Rolle als Gestaltungsmittel: verschiedene Wasserspiele, die der Jagd gewidmet sind, Kaskaden und Boskette schmeicheln ebenso wie zahlreiche steinerne Bildprogramme dem Auge des Betrachters.

Entstanden im 17. und 18. Jahrhundert, ist dieser bedeutende und bezaubernde Barockgarten in Thüringen ein echter Geheimtipp. Das Besondere: Seine Hauptachse ist nicht wie üblich zum Schloss hin ausgerichtet, sondern erstreckt sich entlang einer Nebenachse davor. Das großzügige Schloss mit seinen einst zwei in entgegengesetzte Richtungen angelegten Höfen ist heute nicht mehr erhalten. Seine Grundmauern sind jedoch vollständig freigelegt und können ebenso wie der Garten jederzeit kostenfrei besucht werden. Das ehemalige Palmenhaus und das Orangeriegebäude indes sind heute restauriert und laden mit einer Cafeteria zum Verweilen ein. Erlebbar ist der Schlossgarten heute in seinen Grundzügen von 1775. Eine Atmosphäre barocken Lebensstils! Um es mit Goethe zu sagen: „Im Vorgefühl von solchem hohen Glück/Genieß' ich jetzt den höchsten Augenblick."

● Schlossgarten Ebeleben, Mühlhäuser Straße, 99713 Ebeleben, Tel. (03 60 20) 88 83 10, schlosspark-ebeleben.de
● ÖPNV: Haltestelle Markt (ca. 600 Meter zu Fuß)

Mitmach-Kaufmannsladen

Auf einen Plausch im Unverpacktladen

Beglückende Kindheitserinnerungen werden wach beim Betreten des gemütlich eingerichteten Lädchens in der Bad Langensalzaer Innenstadt. Wo früher ein stadtbekannter Eisenwarenhändler für jeden Bedarf etwas zu bieten hatte, tut dies nun der Unverpacktladen nah-pur für alle, die sich danach sehnen, bewusster einzukaufen. Oder nach einer Tasse Tee in netter Gesellschaft. Jede und jeder ist willkommen, sich ganz in Ruhe umzuschauen und die herzliche Atmosphäre zu erleben. Auf wohnlichen Sitzgelegenheiten kann das Mittagsgericht oder selbst gebackener Kuchen zu einer Tasse Biokaffee genossen werden. Am besten gleich für das Abendessen noch ein Brot aus einer städtischen Bäckerei mitnehmen und dazu selbst gemachten Kräuterquark. An der Nussmühle kann man die tagesfrisch hergestellte Schoko-Nuss- oder Mandelcreme selbst abfüllen. Es darf natürlich vorher von diesem gesunden Brotaufstrich probiert werden. Brotaufstrich? So mancher kam schon kurz nach seinem Einkauf wieder zurück in den Laden, weil das feine Mus schon auf dem Weg nach Hause mit den Fingern vernascht wurde.

Beim Nah-Pur-Team bekommt man ein sauberes Aufbewahrungsutensil oder einen Einkaufsbeutel, wenn man seinen eigenen (noch) nicht mitgebracht hat. Dann wiegen, nach Wunsch und Bedarf abfüllen, bezahlen und sich freuen, keinen unnötigen Abfall mitgekauft zu haben. Wer möchte, ist auch eingeladen, mitzuwirken. Für eigene Ideen ist man hier ebenfalls offen. Man spürt die Freude aus Kindertagen, wo man so gerne Kaufmannsladen gespielt hat. Aber das tatkräftige ehrenamtliche Engagement der Menschen, die den Naturkostladen nah-pur als Verein aus der Taufe gehoben haben, lässt sich nicht allein mit dieser Nostalgie erklären. Hier fühlt man sich einfach gut aufgehoben. Liegt das an der Entschleunigung, die man erfährt, wenn man an der hauseigenen Mühle sein Mehl frisch mahlt? Am Glücksmoment beim Griff in das Glas voller Schokolinsen? Oder an dem guten Gefühl, achtsamer einzukaufen? Am besten hingehen und selbst herausfinden!

- Naturkostladen nah-pur e. V., Herrenstraße 6, 99947 Bad Langensalza, Tel. (0 36 03) 8 36 48 85, nah-pur.de
- ÖPNV: Hainichbus, Haltestelle Wiebeckplatz (3 Minuten zu Fuß)

REGIONAL
Lieblingsplatz

Glück in sich finden

Ganzheitliches Training mit Daniela Weißenborn

Auf der Suche nach Glück geht es um Ausgleich: zwischen den eigenen Bedürfnissen und dem Loslassen des eigenen Egos, zwischen Bewegung und Entspannung, motivierter Frische und Erholung. Daniela Weißenborn hat es sich zur Aufgabe gemacht, Menschen durch ein ganzheitliches Trainingsangebot auf ihrem Weg zu mehr Gesundheit, Wohlbefinden und Lebensfreude zu unterstützen. Einen harmonischen Ausgleich zum Alltag bietet ihr Einzeltraining, das an jedem gewünschten Ort individuell stattfinden kann – beispielsweise in der Natur, wo neue Perspektiven auf der Suche nach dem eigenen Ich entstehen können. Reisen und Retreats zu besonderen Kraftorten in der Welterberegion gehören ebenfalls zu ihrem Angebot. Ob am Urlaubsort oder zu Hause, von ihr angeleitet zu werden, ist ein besonderes Erlebnis. Durch sanfte Dehnungen und kräftige Positionen spürt man die Leichtigkeit des Seins wieder. Der Atem, grundlegend für das Fließen aller Energien, wird bewusst wahrgenommen. Um den Geist zur Ruhe zu bringen, zeigt Daniela Techniken, die helfen können, inneren Frieden zu finden. Für diejenigen, die es dynamischer mögen, bietet sie Pilates an. Bei einer Thai-Yoga-Massage wird der Körper durch sanftes Dehnen, Strecken und Schütteln wieder ins Gleichgewicht gebracht. Der Energiefluss wird durch Akupressur angeregt, Entspannung stellt sich ein, Blockaden werden gelöst. Danach fühlt man sich nicht nur ein paar Zentimeter größer, sondern auch wunderbar frei. Ein besonderes Highlight ist das Aerial Yoga. Bei diesem „Ausflug in die Luft" wirken die Yogaübungen noch intensiver, die Tiefenmuskulatur und die gesamte Körperspannung werden verbessert. Das Gefühl, sich vom Tuch tragen zu lassen, kindliche Leichtigkeit zu erleben und Vertrauen in die eigenen Fähigkeiten zu gewinnen, ist unvergleichlich. Durch die sanfte Schwingung und die Umarmung des schützenden Kokons finden auch unruhige Geister zur Ruhe. Alles fließt, alles schwingt, so fühlt sich Glück an.

TIPP

Das Mehrgenerationenhaus in Gotha bietet Yoga am Abend und Männeryoga an.

● Ganzheitliches Training mit Daniela Weißenborn, Friedrichstraße 15 a, 99867 Gotha, Tel. (01 70) 1 62 56 48, pilates-yoga-training.de

Ab in den Urwald!

Das Urwald-Life-Camp

Hier liegt Abenteuerlust in der Luft. Ein reichhaltiges Angebot an Erlebnissen und Erkenntnismöglichkeiten warten im Urwald-Life-Camp Lauterbach auf Familien und Naturvisionäre. Kombiniert wird hier eine Jugendherberge mit einem Nationalparktreff. In urigen Baumhäusern kann hoch über dem Waldboden genächtigt werden. Für die Übernachtung in den Wipfeln Schlafsack und Taschenlampe nicht vergessen! Frisch und kühl an heißen Tagen oder wunderbar gemütlich, wenn der Regen auf das Holzdach trommelt – hier ist immer ein Ort zum Wohlfühlen. Zur Auswahl für die Nachtruhe nach einem Tag voller Entdeckungen gehören auch das rustikale Flair eines Tipis oder ein gemütliches Bett im Hauptgebäude. Das Healthy-Planet-Buffet am Abend bietet bewusst fleischarm viele leckere Komponenten, die ganz nach den eigenen Vorlieben kombiniert werden können. Bioqualität und vorzugsweise regionale Spezialitäten runden das Konzept einer nachhaltigen Verpflegung ab. Zum Frühstück stehen schon der cremig sanftgelbe Honig aus dem Ort und frisches Obst bereit. So gelingt der Start in den Tag mit einem guten Gefühl. Und dann wird der vor der Tür entstehende Urwald zum fantasievollen Spielplatz und Erfahrungsraum. Denn man schützt nur, was man kennt und liebt. Die Mission der Ranger ist daher nichts weniger, als ihre Waldliebe weiterzugeben. Ausgestattet mit bereits legendären Lunchpaketen geht es zum Beispiel auf den Urwaldpfad ganz in der Nähe. Auf den 1,6 Kilometern befinden sich zehn Stationen, die den Rundweg auch ohne Begleitung erkenntnisreich machen. So findet man dort zum Beispiel die in Deutschland seltene Elsbeere am Wegesrand. Unter einigen Biologen wird sie als wahrer Zukunftsbaum gehandelt, da sie perfekt an Wärme und Trockenheit angepasst ist. Einen klimatoleranten Zukunftswald würde sie ideal aufwerten.

Es lohnt sich, immer mal wieder vorbeizuschauen. Denn wo die Zeit der Natur gehört, kann man einen zuversichtlichen Blick in die Zukunft werfen – zum Beispiel vom Baumhaus aus.

TIPP

In der Nähe startet der Erlebnispfad Silberborn, wo Alrunas Waldgeheimnisse entdeckt werden können.

- Urwald-Life-Camp, Harsbergstraße 4, 99826 Lauterbach, Tel. (0 52 31) 7 40 14 49
  harsberg.jugendherberge.de
- ÖPNV: Kulturerlebnisbus, Haltestelle Lauterbach (ca. 2 Kilometer zu Fuß)

Locus amoenus

Der Lutterfall Großbartloff

Ein Locus amoenus – ein lieblicher Ort – ist am Ende des Eichsfelder Örtchens Großbartloff versteckt. Die notwendigen Requisiten sind alle vorhanden: ein kühler Bach, Schatten spendende Bäume, in denen Vögel singen, das alles gerahmt von einer Wiesenlandschaft. Ein paradiesischer Ort, an dem nichts Beschwerendes die Lieblichkeit trübt. In idealisierten Naturschilderungen wird der Locus amoenus schon seit der römischen Kaiserzeit und bis zur Schäferdichtung des 17. Jahrhunderts als ein idealer Platz in der Landschaft ausgewiesen – ein Lustort, eine Fiktion.

Eine Fiktion? Orte wie dieser könnten mindestens als inspirierende Vorlage gedient haben für literarische Begegnungen zweier Liebender. Die Wasser der Lutter stürzen an dieser Stelle effektvoll etwa 8 Meter in die Tiefe, springen fröhlich über runde Steine und beruhigen sich schließlich zu einem beschaulichen Bach. Der Blick kann ihm nicht lange folgen, denn die Lutter schlängelt sich durch eine üppig belaubte kleine Schlucht. Von hier dringt auch das für den literarischen Topos notwendige Vogelstimmenkonzert ans Ohr des Betrachters. Die Schlucht ist Lebensraum von Wasseramsel, Gebirgsbachstelze und dem Zaunkönig. Der Wasserfall selbst dominiert ansonsten die Geräuschkulisse, der man am Ufer oder auf der daneben aufgestellten Bank sitzend lauschen kann. Je länger man dort verweilt, desto malerischer wirkt dieser Platz, den man über einen kurzen, steilen Abgang erreicht.

TIPP

In der Luttermühle etwas flussaufwärts Angeln ausleihen und mit etwas Glück frische Forellen fangen.

Ein gar nicht so romantischer Vorgang ist für die Erschaffung dieses Schauspiels verantwortlich: Die Lutter transportiert seit ehedem Kalksande, die sich an dieser etwa 10 Meter hohen Steilwand aus Travertin, also Süßwasserkalk, ablagern. Auf diese Weise wurde ein idyllischer und im Naturpark Eichsfeld-Hainich-Werratal einzigartiger Ort geschaffen. Die kleinen Kalkpartikel setzen sich noch immer ab, sodass der Wasserfall stetig weiterwächst. Ob sich heute noch Liebende an diesem pittoresken Nass treffen? Es bleibt sein Geheimnis …

- Wasserfall Großbartloff, Im Rottenbach, 37359 Großbartloff
  naturpark-ehw.de
- ÖPNV: Haltestelle Großbartloff Obere Haltestelle (ca. 500 Meter zu Fuß)

Glückswahrzeichen

59 Der Drei-Türme-Blick von Bad Langensalza

Wie Geschwister ragen sie in den Himmel. Schaut man durch das steinerne Argusauge, erheben sich die Drei Türme von Bad Langensalza wirkungsvoll nebeneinander. Umrahmt wird der Drei-Türme-Blick von üppigem Grün und herrlichen Blüten. Hier oben auf dem Hügel der Gottesackerkirche St. Trinitatis kann man die friedliche Ruhe eines kleinen Garten Eden genießen. Das angrenzende Arboretum ist einer von elf verschiedenen Themengärten des blühenden Kurstädtchens. Dessen Ansicht wird von den drei Wahrzeichen geprägt. Dabei erzählen diese jedes für sich ein anderes Stück Stadtgeschichte: vom Rathaus, das nach einem großen Stadtbrand Mitte des 18. Jahrhunderts neu erbaut wurde und dessen Glockenspiel die Mittagsstunde einläutet. Von der Marktkirche St. Bonifacii, deren Turm der zweithöchste Kirchenturm in Thüringen ist und den man nach Absprache erklimmen darf, um eine herrliche Aussicht zu genießen. Und vom Augustinereremitenkloster, in das heute das Stadtmuseum eingezogen ist. Die Drei Türme stehen auch für allerhand regionale Spezialitäten und Traditionen Pate. Wiederentdecken kann man sie – dem Inhalt der Flaschen entsprechend stilisiert – auf den Etiketten des regional begehrten Drei Türme Bieres. In der inhabergeführten kleinen Brauerei wird der beliebte Hopfensaft für die Region selbst gebraut und immer wieder neu erfunden. Würzig und gleichzeitig blumig-mild schmeckt zum Beispiel die Hainich-Blüte: Ein Bier, das Biohanfsamen aus der nahe gelegenen Hanf Industries Manufaktur enthält.

TIPP

In der Tee-Truhe bei der Marktkirche gleich noch mehr Hainich-Hanf-Spezialitäten kennen lernen.

Erholung. Erfrischung. Erfolg. Der glücklich machende Dreiklang in Langensalza wird komplettiert durch den Drei-Türme-Lauf. Der findet jeweils im Frühjahr statt. Von den Kindergarten-Bambini bis zu den Partiküliers über 70 ist das Spektrum der Teilnehmenden und der jeweils passenden Wettläufe breit. Jeder soll einen erbaulichen Lauf genießen können. Und dass Rennen auch Freude bringt, wenn man nur zuschaut, sieht man auf den Gesichtern der euphorisch Anfeuernden.

- Drei-Türme-Blick, Holzgasse 5, 99947 Bad Langensalza
badlangensalza.de
- ÖPNV: Hainichbus, Haltestelle Wiebeckplatz (ca. 200 Meter zu Fuß)

Bewegte Vergangenheit

Zu Besuch bei der Automobilen Welt Eisenach

Den Glücksfaktor in Pferdestärken zu bemessen, ist gar nicht so weit hergeholt. Die Deutschen sind bekannt für ihre Liebe zum Automobil, zu rasanter Beschleunigung und hingebungsvoller Pflege ihres bereiften „Familienmitgliedes". Tatsächlich ist es hierzulande nicht unüblich, dass des Deutschen „liebstes Kind" einen eigenen Kosenamen bekommt. Die emotionale Bindung an das Konsumprodukt Motorwagen ist bei uns groß. Ein Besuch im Automuseum ist daher auch eine emotionale, eine für Liebhaber beglückende Angelegenheit. Und das insbesondere in Eisenach, wo die Automobilbautradition bereits über 115 Jahre lebendig ist. Beginnend mit dem Wartburgmotorwagen von 1898 bis hin zum letzten hier produzierten Personenkraftwagen, der 1991 direkt vom Fließband ins Museum fuhr, wird die bewegte Geschichte dieser Branche greifbar. Wer wusste schon, dass 1928 der BMW hier seine Geburtsstunde erlebte? Und wer hat schon einmal einen Doppelphaeton von 1910 gesehen? Der Rennsport- und Ralleygeschichte Eisenachs wird ebenfalls ein würdiger Platz eingeräumt. Und auch die Geschichte der von spektakulären Protestaktionen begleiteten Schließung des Automobilwerks Eisenach Anfang der Neunzigerjahre wird anschaulich thematisiert. Der Tradition und dem am Standort vorhandenen Know-how wurde schließlich mit dem Aufbau eines Opelwerkes Rechnung getragen.

TIPP

Im ehemaligen Automobilmuseum ist heute der KUNSTPavillon mit zeitgenössischer Kunst.

Die mit liebevollem Engagement gepflegte Ausstellung der Automobile Welt Eisenach ist in einem historischen Industriegebäude im Bauhausstil auf dem ehemaligen Betriebsgelände des Automobilwerks zu finden, das eine ästhetische Symbiose mit den Ausstellungsstücken eingeht. Hier kann man entspannt zwischen historischen Fahrzeugen und faszinierenden Prototypen schlendern. Zu den feinen Stücken des Museums zählen außerdem Karosserie-Studien und Konstruktionspläne. Stolz ist man hier vor allem auf zwei Glanzlichter: eine authentisch hergerichtete Dixi-Werkstatt von 1920 und einen originalen AWE-Rennsportwagen von 1955.

- Automobile Welt Eisenach, Friedrich-Naumann-Straße 10, 99817 Eisenach, Tel. (0 36 91) 7 72 12, awe-museum.de
- ÖPNV: Haltestelle Automobile Welt Eisenach

MINOL
VIELFALT
Wartburg
313/1
1958

Skulptur und Natur

Kunstoase im Schlosspark Behringen

Das „Zueinander“, eine „Behringer Venus im Wind“, den „Parkgeist“ und nichts weniger als die „Freiheit“ haben junge Nachwuchskünstler und beschlagene Meister ihrer Kunst anlässlich hiesiger internationaler Bildhauersymposien rund um den idyllischen Teich des Behringer Schlossparks erschaffen. Damit gelang eine inspirierende Verbindung zwischen Natur und menschlichem Ausdruck. In ihren individuellen Handschriften und zu ganz unterschiedlichen Themen erzählen ihre Skulpturen vom Leben und Zusammenleben, von Neuanfängen und Kreisläufen, von Mythen und Alltagsgeschichten. Zurückgelassen zwischen den Baumriesen im Park oder im Naturraum entlang des Skulpturenwanderweges von Behringen nach Hütscheroda, strukturieren die Kunstprodukte aus Holz, Stein und Metall die Landschaft neu. Im Spiel von Licht und Schatten, im Wandel der jahreszeitlichen Färbungen kann ihren Facetten und ihrer Poesie immer wieder neu nachgespürt werden.

„Etwas Neues kann man nicht einfach machen, man muss es erst einmal träumen“, sagte der Bildhauer Harald Stieding. Der aus der Welterberegion stammende Künstler hat aus seinen Träumen eine ganz eigene Formensprache entwickelt: Allegorisch, sinnlich, voller Leben und manchmal mahnend kommen seine steingewordenen Gestalten daher. Sie thematisieren die große und die kleine Welt. Ihnen begegnet man sowohl im Skulpturenpark in Behringen als auch auf der Wanderung nach Hütscheroda. Dort übrigens befindet sich ein weiterer Skulpturenpark und ein kleinerer etwa 3,6 Kilometer langer Skulpturenwanderweg. So lässt sich Kunst-Wander-Freude je nach Ausdauer erleben. Ein Traum! Auch der von Jürgen Dawo. Einst träumte er von Kunst und Natur, die einander sensibel begegnen. Von LandArt-Projekten, von Kunst, die einlädt, bestaunt, „begriffen“ und „in Besitz genommen“ zu werden, wie er es gern ausdrückt. Was damit gemeint ist? Einige der Künstlerarbeiten sind als Sitzgelegenheiten dafür bestimmt, die herrliche Aussicht genießen oder Kraft tanken zu können.

- Schlosspark Behringen, 99820 Hörselberg-Hainich, Tel. (03 62 54) 7 52 30 bildhauersymposium.de
- ÖPNV: Hainichbus, Haltestelle Behringen Schule (ca. 400 Meter zu Fuß)

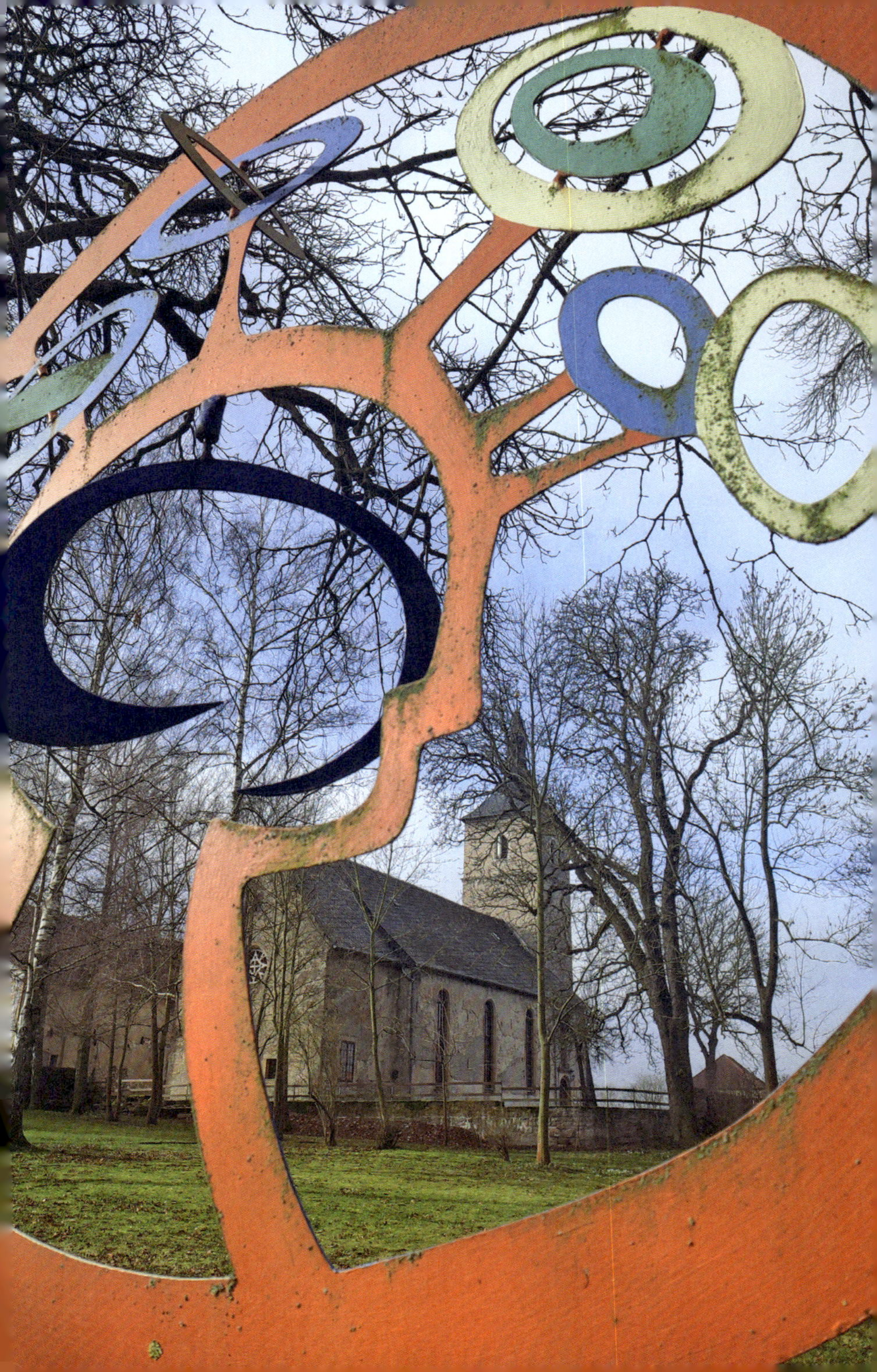

Bildschönes Ensemble

Werratalbrücke und Liboriuskapelle Creuzburg

Es ist das wohl bekannteste Fotomotiv des Werratals: die eindrucksvolle Steinbogenbrücke mit ihrer Beschützerin, der Liboriuskapelle. Schöner könnte es kein Maler entwerfen, wie sich das in hellem Sandstein erstrahlende Ensemble vom üppig grünen Hintergrund abhebt. Darunter fließt die Werra. Wer ein bisschen wartet, bevor er auf den Auslöser drückt, der bekommt mit ziemlicher Sicherheit auch noch ein vorbeigleitendes Kanu mit aufs Bild.
Wo heute Ausflügler im Schlenderschritt gehen, holperten einst mit Handelswaren beladene Karren und Wagen über das Steinpflaster. Bereits 1223 schufen die sieben steinernen Bögen einen wichtigen Werraübergang am Handelsweg der Via Regia. Ursprünglich war sie mit der Stadtmauer von Creuzburg verbunden. Behütet von der souverän daneben aufragenden Liboriuskapelle, hat sie den Jahrhunderten getrotzt. Und dass nicht nur in friedlichen Zeiten. So manches notbringende Heer ist bereits darübergezogen. Nur der Gewalt des Zweiten Weltkrieges konnten Brücke und Kapelle schließlich nichts mehr entgegensetzen. 1945 wurden zwei Bögen der Natursteinbrücke gesprengt. Die Kapelle hat dabei erheblichen Schaden erlitten. Sieben Jahre dauerten die Wiederaufbauarbeiten an der Brücke. In dieser Zeit waren auch die spätgotischen Wandmalereien im Innenraum der Liboriuskapelle schutzlos der Witterung ausgesetzt. In 40 detailreichen Bildern erzählen sie von der heiligen Elisabeth, von ihrer bis zur Erschöpfung reichenden Hingabe für die Armen und Kranken, von den Wundern, die ihre Geschichte so berühmt machten, und von ihrem persönlichen Leidensweg. Vor dem rettungslosen Verfall wurden die Bilder zum Glück 2007 von einer überregionalen Initiative, die sich für die Restaurierung starkgemacht hat, bewahrt. Autos fahren nun auch nicht mehr über die historische Steinbrücke, sodass sie ganz in Ruhe begangen und bestaunt werden kann.

- Liboriuskapelle, Michael-Praetorius-Platz 2, 99831 Amt Creuzburg
  liboriuskapelle.de
- ÖPNV: Haltestelle Regelschule (ca. 800 Meter zu Fuß)

Wohnzimmer mit Einblicken

Galerie Zimmer in Mühlhausen

Persönlich und einladend ist die Umgebung, in der man in dieser besonderen Galerie zeitgenössische Kunst genießen kann – man ist im Wohnhaus des Galeristenpaares. Die Hauptausstellungsräume sind die beiden stilvollen Salons, ergänzt durch den Flur und das Treppenhaus, die zusammen eine intime und inspirierende Atmosphäre schaffen. Die Galerie Zimmer auf dem Stadtberg in Mühlhausen ist ein besonderer Ort für Liebhaber alter und neuer Meister gegenwärtiger Kunst mit einem Fokus auf Thüringer Künstler und gegenstandsbezogene Werke. In guter Gesellschaft können sie sich hier präsentieren.
Ein Blick in das Gästebuch lohnt, in dem sich die ausgestellten Künstler wie der Pop-Art-Maler Moritz Götze oder Felix Büttner, er hat den AIDA-Kussmund entworfen, verewigt haben. Götze ließ sich von regionaler Geschichte inspirieren und hat unter anderem große Emaille-Arbeiten zu Mühlhäuser Persönlichkeiten wie Thomas Müntzer und Johann Sebastian Bach geschaffen. Auch Otto Paetz – Vertreter der sogenannten Weimarer Malerschule – gehört zu den Künstlern, die in der Galerie bereits gezeigt wurden. Die Intension der Galerie Zimmer ist es, Menschen, die sich an schönen Dingen erfreuen, einen Ort zu bieten, an dem sie Kunst betrachten, gemeinsam erleben und erwerben können. Bärbel und Peter Zimmer, die sich mit ihrer Verkaufsgalerie selbst finanzieren, möchten ihre Liebe zur Kunst weitergeben. Sie zeigen eine bewusst reduzierte Auswahl, um in einer visuell oft überladenen Welt Raum für tiefere Betrachtung zu schaffen.
Regelmäßig ist Peter Zimmer auch mit Künstlern in Mühlhausen und Umgebung unterwegs, sei es im nahe gelegenen Kloster Volkenroda, am Kainsprung in Oberdorla oder bei den beeindruckenden Mammutbäumen im Mühlhäuser Stadtwald. Die Ausflüge dienen nicht zuletzt als Inspirationsquelle und finden ihren Ausdruck auch in den ausgestellten Werken. Die Galerie Zimmer ist ein lebendiger Ort des Austauschs und der Begegnung, an dem Kunst betrachtet, erlebt und geteilt wird.

TIPP

Götzes Emaille-Kunstwerke zu Müntzer, Bach und Röbling sind in den Mühlhäuser Museen zu sehen.

- Galerie Zimmer am Stadtberg, Goetheweg 28, 99974 Mühlhausen, Tel. (0 36 01) 42 55 13, galeriezimmer.de
- ÖPNV: Haltestelle Goetheweg (ca. 400 Meter zu Fuß)

ORITZ Götze
25.9. bis 21.11.

Ein wunderbärer Ort

Alternativer Bärenpark Worbis

Ein Bär, der hier leben darf, hat Glück gehabt! Sich dieses Paradies auf Erden anzuschauen und mit seinem Eintritt einen Beitrag dafür zu leisten, dass es einen solchen Ort gibt, macht nicht minder glücklich. Denn die Leidensgeschichten von Daggi, Doro, Pedro und den anderen Bären haben in dieser großzügigen Anlage mitten im Wald ein Ende. Durch beharrliche Öffentlichkeitsarbeit und durch aufreibende Rettungsaktionen sind sie alle aus tierschutzwidriger Haltung befreit worden. Auch andere Tiere, die hier heimisch oder uns als Haustiere geläufig sind, bekommen im Refugium ein würdiges Zuhause. So auch die Luchse Elba und Primus, die inzwischen eingezogen sind. Bei den Waschbären staunt man, wie groß ihre Freianlage sein muss, damit diese artgerecht wird. Mit dem Ergebnis, dass man nur selten einen von ihnen zu sehen bekommt im Dickicht der Anlage. Doch zufrieden stellt man fest, dass es die Waschbären glücklich macht – dann lieber so! Und als Zaungast erkennt man: Hier stehen wirklich die Tiere im Mittelpunkt.

Umso beeindruckender ist es, wenn sich die Bären und Wölfe entschließen, mal bei den Menschen vorbeizuschauen. Ein großer Hügel trennt ihre Privatsphäre von dem Bereich, den Besucher einsehen können. Die Bären kommen den Menschen (wieder) gern etwas entgegen. Jedenfalls sieht man eigentlich immer mindestens einen Vertreter, wenn er am Zaun nach Futter sucht, ein ausgiebiges Bad genießt, sich den Pelz an einem Baumstamm massiert oder mit herumliegenden Ästen spielt. Die Wölfe sind dabei Teil des Rehabilitationsprogramms, halten sie doch die Bären auf Trab und bringen etwas Leben in die Anlagen. Da wird sich auch schon mal ums Futter gestritten, was nicht nötig wäre, denn es ist immer genug für alle da. Aber manchmal scheint es den Wölfen einfach Spaß zu machen, die großen WG-Mitbewohner zu necken. Als Besucher kann man das Naturerlebnis bei einem selbst mitgebrachten Picknick oder einem dort erworbenen Imbiss in Bioqualität verfolgen und dabei die Zeit vergessen.

TIPP

Ein Geschenk von der Wunschliste (wishsite.de) des Bärenparks kaufen und beim Besuch mitbringen.

● Alternativer Bärenpark Worbis, Duderstädter Allee 49, 37339 Leinefelde-Worbis, Tel. (03 60 74) 2 00 90, baer.de

Ein Segen

Wallfahrtsort Etzelsbach

Eine Kathedrale unter Linden entsteht, wenn am 2. Juli Menschen von nah und fern zur Wallfahrt in das abgelegene Etzelsbach kommen. Hier erhalten auch Pferde ihren Segen. Diese Tradition geht auf das 16. Jahrhundert zurück, als sich dort wohl zwei wundersame Begebenheiten ereigneten, bei denen Pferde eine zentrale Rolle spielten. Während der Pestzeit erkrankten auch viele Tiere. Der Pfarrer riet den Menschen, dreimal mit den Pferden um die Kapelle zu gehen, um Gottes Schutz zu erbitten. Die Pferde wurden gesund, außer bei einem Mann, der das Ritual verweigerte. Seine Pferde starben. Für die Bevölkerung der frühen Neuzeit ein eindrückliches Zeichen, dass dies ein Ort der Begegnung mit dem Himmel war. Die Menschen der Region fanden hier ihren heiligen Ort und es haben sich viele volkstümliche Elemente bewahrt. Auch die zweite Legende um den Wallfahrtsort deutet dies an: Zwei Pferde scheuten beim Pflügen. Der Bauer sah nach, was die Tiere so verstörte, und fand ein Gnadenbild im Boden. Es hängt heute am Eingang zur Kapelle. Es zeigt den Gekreuzigten, dessen Kopf nach rechts geneigt ist, zu Maria als der trauernden Mutter. Gewöhnlich schauen Pietadarstellungen nach links. Papst Benedikt hielt bei seinem historischen Besuch am 23. September 2011 eine Predigt über diese Kopfhaltung vor 100.000 Menschen. Die besondere Beziehung zwischen Christus und Maria ermutigt Gläubige, in Bedrängnis ihr Herz zu öffnen und Trost zu finden. Dankbarkeit, Anerkennung und vor allem Vergebung sind zentrale Themen dieses Ortes. Denn nur Verzeihen ermöglicht Zukunft – im Kleinen wie im Großen.
Etzelsbach ist ein Ort der Begegnung. Die Wallfahrtstradition ist sehr lebendig und hat sich trotzig auch über die DDR-Zeit erhalten. Zur Pferdesegnung allein kommen Hunderte mit und ohne Tiere, mit Kutsche oder geritten. Nach dem Gottesdienst im Freien gesellt man sich zum Picknick auf die Wiese, kommt ins Gespräch. Viele kehren immer wieder hierher zurück und nehmen neue Gesichter offen und herzlich auf.

- Wallfahrtskapelle Etzelsbach, 37308 Steinbach, Tel. (03 60 06) 60 02 62 wallfahrtskapelle-etzelsbach.de
- ÖPNV: Bahnhof Bodenrode (ca. 4 Kilometer Wanderung)

PAPSTBESUCH 2011

Spürnasen-Waldabenteuer

Der Pirschpfad von Dieterode

Sie bewegen sich auf leisen Pfoten, flink und vorsichtig, gut getarnt und am liebsten in der Dämmerung. Meist kann man deshalb nur wenige Bewohner unserer heimischen Wälder beim Wandern mit der Familie entdecken. In Dieterode allerdings schlängelt sich ein ganz besonderer Entdeckungspfad durch den üppigen Laubwald. Im Schatten der Bäume, zwischen den Kräutern am Wegesrand oder im strauchbewachsenen Dickicht des Waldes warten 17 lebensgroße Silhouetten im Hainich beheimateter Tiere darauf, aufgespürt zu werden. Mit jedem Schritt enthüllt sich die Vielfalt des Lebens im Wald. Wer entdeckt auf dem Pirschpfad das Reh, den Dachs, den kleinen Salamander oder die scheue Wildkatze? Sogar einen Luchs gilt es zu finden. Ein Faltblatt führt durch das Waldabenteuer. Dort kann angekreuzt werden, ob man den Rotmilan entdeckt hat oder dem Wolf begegnet ist, und ihren Namen eintragen. Das macht Kindern und Erwachsenen gleichermaßen Spaß. Der ausgeschilderte Rundweg beginnt und endet auf dem Spielplatz in der Dorfmitte. Wer also nach anderthalb Kilometern Wanderung, die man in etwa einer halben Stunde gut bewältigen kann, noch immer Bewegungsdrang verspürt, kann ihn hier ausleben. Bevor der Weg in den Wald mündet, führt er am sogenannten Dorfblick vorbei – ein malerischer Ausblick auf Dieterode. Auf einer Bank kann man hier verweilen und den Blick über den idyllisch gelegenen Ort schweifen lassen. Und dann geht es durch den Wald auf die Pirsch, an deren Ende der kluge Fuchs wartet, um das Geheimnis zu lüften: Wurden alle Tiere gefunden? Ein freudiges Lächeln breitet sich aus, wenn die Mission erfolgreich war. Im Internet kann anschließend auch eine Urkunde ausgedruckt werden. Ein stolzes Zeugnis für die Begeisterung und Neugier, die verborgenen Schätze des Waldes gefunden zu haben.

TIPP

Kleine Ferien in der Provence bietet das Restaurant St. Georges in Dieterode.

● Pirschpfad, 37318 Dieterode, Tel. (03 61) 57 3 91 50 00
naturpark-ehw.de
● ÖPNV: Haltestelle Dieterode Mitte

Kraftoase für Klein und Groß

Wildkatzenkinderwald und germanischer Kultpfad

Sich wie die Wildkatze durchs Kletterlabyrinth, wie die Maus durch Tunnel oder wie eine Spinne durch ihr Netz bewegen – der Wildkatzenkinderwald ist ein Ort, an dem Kinder und Kindgebliebene in ihrer Bewegungs- und Entdeckungsfreude voll auf ihre Kosten kommen. Dort stehen hölzerne Spielobjekte, harmonisch in das Waldbild eingefügt. Ein Ort der Lebensfreude mitten im Urwald. Auf dem Weg dorthin kommt man an der Umweltbildungsstation vorbei. Hinter diesem langen Namen verbirgt sich kurz gesagt ein Platz, an dem der Wald mit allen Sinnen erfahrbar gemacht wird. An Forschertagen öffnet zwischen März und Oktober ein Nationalparkranger das Gebäude. Er beantwortet all die Fragen zum (Zusammen-)Leben von Tieren, Pflanzen und Menschen im Rotbuchen-Urwald, die kleine und große Entdecker umtreiben. Wände mit Tierfährten, echte Fossilien und ein dunkles Wildkatzenlabyrinth warten hier auf Glücksuchende. Von hier aus hat man die Wahl: sich Zeit nehmen für ein (Familien-)Picknick auf den bereitstehenden Bänken und Tischen oder die Umgebung erkunden:

TIPP

In den warmen Mittagsstunden fliegt hier der selten gewordene leuchtend blaue Große Schillerfalter.

In westlicher Richtung wurde ein Germanischer Kultpfad inszeniert. Archaische Heiligtümer zeigen, dass der Buchenurwald Teil der germanischen Lebenswelt war. Manchmal nur durch eine große Kerbe im Pfahl als Person mit Kopf gekennzeichnet, manchmal mit menschlich anmutendem Gesicht, kann heute niemand mehr sagen, mit welchen Namen solche hölzernen Idole einst angesprochen wurden. Auch die Gesänge, Tänze und Rituale, die die heiligen Bezirke erfüllt haben mögen, entstehen nur in der Vorstellungskraft der Betrachter wieder.

Entscheidet man sich für einen Spaziergang in südlicher Richtung, gelangt man bald auf eine der wenigen, noch nicht vom Wald zurückeroberten Offenflächen des Nationalparks. Das Rauschen des Windes, das Rufen von Baumpieper und Goldammer, das fröhlich leuchtende Gelb der Zitronenfalter, die zarten Blüten von Wildrosen, Weißdorn und Tausendgüldenkraut. Hier werden die Sinne verwöhnt.

- Wilkatzenkinderwaldspielplatz Wikakiwa und Umweltbildungsstation Ubis, 99986 Kammerforst, nationalpark-hainich.de
- ÖPNV: Nationalparkbus, Haltestelle Kammerforst Zollgarten (1 Kilometer zu Fuß)

Traumland auf Schienen

Kleinbahnpension Kirchheilingen

Idyllisch ist es an der verträumten Kleinbahntrasse. Über Jahrzehnte verband diese Strecke die in der sanften Hügellandschaft verstreuten Ortschaften. Heute kann man hier herrlich spazieren oder mit dem Fahrrad Strecke machen – auf dem Kneipp- und Kleinbahnradweg K2. Die Kneipp-Anlage in Bad Tennstedt lädt zu Erfrischung und Vitalisierung ein, in Tottleben kann man sich an puscheligen Alpakas erfreuen, die den Park pflegen. In Kirchheilingen wartet ein ganz besonderes Übernachtungserlebnis: Ein alter Eisenbahnwagon erwartet in beschaulicher Kulisse seine Gäste. Hier am Ort eines ehemaligen Kleinbahnbahnhofs stehen zwei einladende Abteile zur Auswahl: Seltenrain und Heiliger Höhen. Sie sind sorgfältig restauriert und gemütlich eingerichtet für zwei bis vier Personen. Ein Geheimtipp nicht nur für Verliebte, sondern auch für Familien, die nach einem unvergesslichen Abenteuer suchen. Nachtschwärmer, die nach einer Nacht voller Feierlichkeiten im Alten Speicher in Kirchheiligen zur Ruhe kommen wollen, sind hier ebenfalls gut aufgehoben. Die kleinen Ferienwohnungen bieten dafür alles, was man braucht: eine kleine Kochnische mit Kühlschrank, Kaffeemaschine und Geschirr sowie ein Bad mit Dusche. Noch eine Runde Karten spielen am Tisch und dann in das gemütliche Etagenbett kuscheln! Doch nicht nur im Inneren des Wagens offenbart sich ein charmantes Ambiente. Die artenreiche Streuobstwiese vor dem Wagon lädt zum Picknick ein oder zu einem entspannten Sundowner, während man den nächsten Urlaubstag plant oder Erlebtes Revue passieren lässt. Der Weg für einen gemütlichen Abendspaziergang Richtung Sonnenuntergang führt direkt neben dem Schlafabteil vorbei. Vielleicht trifft man dabei auf die jungen Fohlen des Trakehnergestüts, die fröhlich auf der Weide herumtollen.
Für diejenigen, die sich nach echtem Orientexpress-Flair sehnen, wird am Morgen ein besonderes Highlight geboten: Frische Brötchen oder ein leckeres Frühstück werden direkt ans Abteil gebracht, damit der Tag genussvoll beginnen kann.

- Kleinbahnpension der Landfactur, Bahnhofstraße 184 d, 99947 Kirchheilingen, Tel. (03 60 43) 7 20 41, landfactur.de
- ÖPNV: Haltestelle Kirchheilingen Schule (ca. 1 Kilometer zu Fuß)

Theater-Zuhause

Das 3K in der Kilianikirche Mühlhausen

3K steht für Kunst, Kultur und Kommunikation. Die Theaterwerkstatt 3K bringt szenisch und musikalisch einiges an Variationen auf und vor die Bühne. Zur Freude des Publikums, das auf vielfältige Weise angesprochen, angeregt und einbezogen wird. Der intensive Kontakt und Austausch mit den Zuschauenden ist von Anfang an mitgedacht. Ein Highlight ist das außergewöhnliche Ambiente, denn das Theater ist in der Kilianikirche untergebracht, die mit ihrem barocken Turm im Stadtbild auffällt. Beim Eintreten in den ehemaligen Sakralbau wird man von einer gemütlichen Wohnzimmeratmosphäre empfangen. In dem charmant möblierten Café hat man von jeder Sofaecke aus eine andere Perspektive auf das gesellige Treiben im Foyer. Hier kann, wer möchte, vor und nach jeder Vorstellung bei einem Glas Wein ins Gespräch kommen. Und manchmal wird es auch selbst als Bühne genutzt. Theater zum Anfassen. Theater im Wohnzimmer. Tatsächlich ist das 3K für die vielen Schauspielenden und Mitwirkenden ein Zuhause. Hier wird gespielt, gestaltet, gelacht, gefeiert, gemeinsam erschaffen und ausprobiert. Die Theaterwerkstatt soll ein künstlerischer Freiraum sein, ein Erprobungsraum für junge Menschen. Scheitern erlaubt! Und wo Entfaltung erwünscht ist, ist auch manchmal Improvisation nötig und Offenheit gefragt. Diese finden die Kinder und Jugendlichen in der gemeinsamen theaterpädagogischen Arbeit. Das Publikum findet Kulturgenuss und allerbeste Unterhaltung. Im Winterhalbjahr zumeist auf der großen Bühne, die im ehemaligen Kirchenschiff untergebracht ist. Auch Workshops und Lehrerfortbildungen gehören zum Angebot. Im Dezember ist ein Besuch des Märchentheaters ein beliebter Programmpunkt, um sich auf Weihnachten einzustimmen. Wer es einmal erlebt hat, möchte mehr davon. Im Sommer findet vieles draußen statt. Die Theaterwerkstatt ist dann bei verschiedenen Veranstaltungen in den umliegenden Ortschaften anzutreffen mit ihrem Sommertheater und Performances, mit Spielaktionen und Kabarett.

- 3K e. V., Unter der Linde 7, 99974 Mühlhausen, Tel. (0 36 01) 44 09 37
  theaterwerkstatt3k.wordpress.com
- ÖPNV: Nationalparkbus und Kulturerlebnisbus, Haltestelle Kiliansgraben

Eine Wasserburg für Vögel

Die Vogelschutzwarte in Seebach

Hans im Glück ist ein Schwarzstorch. Er ist einer der Bewohner der 900-jährigen Burganlage in Seebach – und er wollte nicht mehr weg. Mehr als der Hälfte der fast 300 Vögel jährlich, die hier in der ältesten Vogelschutzwarte Deutschlands gepflegt und versorgt werden, gelingt anschließend wieder ein Leben in Freiheit. Hans jedoch hat entschieden zu bleiben. Auch ein nach seiner Rettung und Genesung ausgewilderter Rotmilan hat beschlossen, sein Nest im Park der Burg zu bauen. Da hier alles mit Blick auf die Bedürfnisse von Vögeln gestaltet ist, erfüllt frühmorgens ein stimmenreiches Konzert den Schlosspark mit Leben. Die größte Dohlenkolonie weit und breit nimmt die Dachkästen der Burg in Besitz. Turmfalken, eine Schleiereule, Mauersegler und andere Nischenbrüter teilen die restlichen Burgmauern unter sich auf. Und ganz oben klappert die Storchenfamilie ihre Geschichten von fernen Ländern. Das hat an diesem Ort eine besondere Tradition, wo mit viel Liebe und persönlichem Einsatz ein verantwortungsvolles Erbe erhalten wird. Der Schutz der heimischen Vogelwelt geht auf den ebenfalls weit gereisten Sittich Hans Freiherr von Berlepsch zurück. Auf seinen Reisen durch Italien und Frankreich, Paraguay und Brasilien, Marokko und Tunesien studierte er alles Gefiederte, ihre Gewohnheiten und Ansprüche.

TIPP

Man kann auf ornitho.de eigene Vogelbeobachtungen aus dem Park der Vogelschutzwarte melden.

In seiner Wasserburg hat der Weltreisende, der sogar in Namen und Wappen seine Liebe zu den Piepmätzen führt, ein einzigartiges Lebenswerk vollbracht. Dafür hat er kurzerhand den prächtigen Garten in ein Vogelparadies verwandelt. Mutters Obstbäume wichen nahrungsreichen Schutzgehölzen, die Boden- und Strauchbrütern beste Bedingungen schufen. Heute ist die staatliche Vogelschutzwarte eingefügt in ein internationales ornithologisches Netzwerk und leistet einen wichtigen Beitrag zur Umweltbildung und zum Artenschutz.

Eine inspirierende Zeit kann der Erholungsuchende hier verbringen. Zum Beispiel bei einer Tour auf dem Werra-Unstrut-Radweg, der hier entlangführt.

● Vogelschutzwarte Seebach, Lindenhof 3, 99998 Mühlhausen OT Seebach, Tel. (0 36 01) 7 89 10 18, vogelschutzwarte.de

● ÖPNV: Haltestelle Seebach

Sauwohl fühlen

Gut Sambach in Mühlhausen

Wer auf Gut Sambach zu Hause sein darf, der hat Schwein gehabt. Das gilt für die gehaltenen Nutztiere ebenso wie für die Menschen, die hier in Wohngemeinschaften leben und arbeiten. Ohne jede Enge – sowohl räumlich als auch geistig – darf hier jeder so sein, wie es seinen Bedürfnissen entspricht. Von diesem Grundsatz beseelt, gehen auf dem Gut ökologische und soziale Verantwortung Hand in Hand. Schon als Fünfjähriger wollte Dr. Feindt Bauer werden – natürlich auf einem Hof, auf dem es Tieren und Menschen gut geht. Dass das nicht romantische Träumerei, sondern eine Zukunftsstrategie ist, hat er später auf Reisen gelernt. Umweltzentriertes (Land-)Wirtschaften, geschlossene Kreisläufe und die Verbindung von Tradition und Ökologie sind die Lösung für ein gleichgewichtiges Wachstum. „Vom Boden über die Pflanze zum Tier oder zur Energie, und dann wieder zurück zum Boden“ lautet sein Konzept. Heute werden auf dem von ihm seit 30 Jahren geführten Betrieb nach Demeter-Richtlinien verschiedene Gemüse und Obstsorten angebaut und im hofeigenen Lädchen oder auf Wochenmärkten verkauft. Milch, die nicht selbst vor Ort zu Joghurt oder Käse verarbeitet wird, findet man auch im Supermarkt wieder.

TIPP

Am Wochenende einen Kaffee und Selbstgebackenes im Hofcafé genießen.

Menschen mit seelischer oder psychischer Beeinträchtigung helfen bei den Tieren, bearbeiten den Boden oder bereiten die selbst produzierten Lebensmittel in der Küche für die gemeinsamen Mahlzeiten zu. Der Anblick zufriedener Tiere macht glücklich! Wer neben der Schweineweide hinter der Gemüsegärtnerei steht und von den zutraulichen mit Erde panierten Schweinen begrüßt wird, muss einfach lächeln. Wohlig in der Schlammpfütze badend oder zum gemeinsamen Schläfchen im Stroh versammelt, genießen sie Geselligkeit und Freiheit. Die Kälber dürfen bei ihren Müttern aufwachsen. Sie spazieren gern mal neugierig herum und besichtigen den Hof zusammen mit den Gästen. Es ist ein Ort, an dem sich Tiere und Menschen in ihrer ganzen Individualität begegnen und ihren Platz finden können. Ein Ort zum Glücklichsein.

- Gut Sambach, Gutsstraße 1, 99974 Mühlhausen, Tel. (0 36 01) 85 11 50
gut-sambach.de
- ÖPNV: Haltestelle Gutsstraße

„Es ist hier gar schön“

Bei Theodor Storm in Heilbad Heiligenstadt

Gehüllt in ein weit schwingendes Biedermeierkleid, die Hutschachteln im Storm'schen Ankleidezimmer durchstöbern und dann – an Theodor Storms Schreibtisch vorbei – zum fein gedeckten Teetisch hinüberschweben: Daraus sind Mädchenträume gemacht. Das kann selbst ausprobieren, wer das Literaturmuseum Theodor Storm in Heilbad Heiligenstadt besucht. Der bekannte deutsche Literat aus Husum hat mit seiner jungen Familie in dem hübschen Eichsfelder Städtchen wohl einige sehr glückliche Jahre verbracht. Er schrieb: „Wo ich am lichten Junimorgen/Die Kinder klein und klein die Sorgen/Mit dir gesessen Hand in Hand/Indes vom Fels die Quelle tropfte/Die Amsel schallend schlug im Grund/Mein Herz in gleichen Schlägen klopfte/Und glücklich lächelnd schwieg dein Mund.“

TIPP
Anschließend im wunderschönen Rosengarten am Museum entspannen und die Eindrücke wirken lassen.

Seiner eher unspektakulären Arbeit als Richter zum Trotz entfaltete er hier ein geselliges Leben inmitten der bürgerlichen Kreise der Stadt. Er lud gern zum Tee, veranstaltete Konzerte und gründete das Singekränzchen. Heute führt der Theodor-Storm-Verein, auch Träger des Museums, sein kulturelles Wirken fort. Mit bemerkenswertem ehrenamtlichem Engagement ermöglichen die Mitwirkenden einen Zugang zu einem wichtigen Teil deutscher Kulturgeschichte. Wie auch Theodor Storm gern Zeit mit seinen Kindern verbrachte, so ist auch das Literaturmuseum ein Ort, an dem Kinder herzlich willkommen sind und vielfältig unterhalten werden. Auch für sie ist das Ankleidezimmer mit Kleidung ausgestattet, die den alten Fotografien der Familie Storm nachempfunden ist. Es dürfen Gedichte an der Magnetwand entworfen, mit dem Federkiel geschrieben oder Weihnachtsschmuck wie bei Storms gebastelt werden. Auch die Wechselausstellungen zu literarischen und künstlerischen Themen rund um den Dichter sind von museumspädagogischen Angeboten flankiert. Ein Lieblingsausstellungsstück von Klein und Groß ist das mechanische Puppentheater der Regentrude. Auf magische Weise entfaltet es sein Geheimnis, wenn man den richtigen Zauberspruch ausspricht.

- Literaturmuseum Theodor Storm, Am Berge 2, 37308 Heilbad Heiligenstadt, Tel. (0 36 06) 61 37 94, stormmuseum.de
- ÖPNV: Haltestelle Kasseler Tor (ca. 200 Meter zu Fuß)

Achtsam durchs Grün

Waldbaden im Nationalpark Hainich

Sich einen schönen Baum suchen, an den man sich lehnen kann. Dann die Augen schließen und sich vorstellen, wie man mit jedem Atemzug mehr und mehr mit dem Baum verschmilzt – mit seinem Stamm, den Wurzeln in der Erde, der Krone im Wind – und selbst zum Baum wird. Verankert im Boden, standfest, ruhig, mit allen Sinnen im Hier und Jetzt des Waldes um sich herum.

Ulli Felber, die bekannte Autorin zum Thema Waldbaden, nennt diese Übung Baum-Einheit und bemerkt dazu: „Je mehr du deinen Waldbesuch genießt, desto mehr entspannst du. Und je tiefer du entspannst, desto besser kann dein Immunsystem für dich arbeiten." Auch und vor allem im Hainich kann man die nachweislich wohltuende Wirkung des Waldes erleben. Waldbaden hebt die Stimmung und steigert die Konzentrationsfähigkeit, senkt das Stresslevel und soll sogar die Produktion und Aktivität von tumorfressenden Zellen im Blut anregen. Die Liste der Heilwirkungen auf den Menschen ist lang. Besonders aber streichelt der Wald die Seele. Das Grün der Bäume tut dabei genauso gut wie die von den Bäumen abgegebenen bioaktiven Stoffe mit ihren entzündungshemmenden Eigenschaften. Der Wald lädt außerdem zu Achtsamkeit ein, also einem Zustand, in dem alle Sinne auf Empfang gestellt sind und man seiner Umgebung die Aufmerksamkeit schenkt, die sonst das Grübeln über gestern und morgen in Anspruch nimmt.

Im Veranstaltungsprogramm des Nationalparks Hainich finden sich regelmäßig Angebote zum Schnupper-Waldbaden. Treffpunkt ist das Waldresort Weberstedt. Dort nimmt sich Jürgen Dawo Zeit, um Menschen seine Erfahrungen mit dem aus Japan kommenden Shinrin-Yoku (Waldbaden) nahezubringen. Als er einen Burn-out erlitt, konnte er selbst entdecken, wie wohltuend die aromatische Waldluft, der Raum des Waldes fern vom Alltag und die sinnliche Naturerfahrung wirken. Mit anderen Experten hat er eine eigene Hainich-Shinrin-Yoku-Methode entwickelt, die Dr. Wald zur Unterstützung bei Überforderung oder zur natürlichen Stressprävention zurate zieht.

● Waldbaden, Waldresort Weberstedt, 99991 Unstrut-Hainich OT Weberstedt, Tel. (03 60 22) 1 88 10, waldresort-hainich.de
● ÖPNV: Nationalparkbus, Haltestelle Weberstedt

Begehrte Kunst

Kunst-Krimi im Herzoglichen Museum Gotha

Mit einem Gänsehautmoment lässt die blau und golden gehaltene Kulisse des Niederländersaals erahnen, von welcher Erlesenheit die Kunstsammlung der Gothaer Herzöge und Herzoginnen einst war und noch immer ist. Der Gemäldekurator des Herzoglichen Museums hat die ursprüngliche St. Petersburger Hängung gewählt, um die Sammlung in ihrer Fülle in Szene zu setzen. Auf den zweiten Blick fällt auf, dass sich in diesem Kunstmosaik einige Bilder als Schwarz-Weiß-Reproduktionen befinden. Sie vertreten die Originale, die auf unterschiedlichen Wegen nach 1945 verloren gegangen sind. Manche von ihnen durch einen richtigen Kunst-Krimi: Den spektakulärsten Verlust gab es 1979 durch den größten Kunstraub der DDR-Geschichte. Über Jahrzehnte hinweg und trotz intensiver Suche konnte dieser nicht aufgeklärt werden. Damals wurden fünf alte Meister mit einem Seil durch das Fenster hinabgelassen und sind spurlos verschwunden. Erst 2020 haben sie ihren Platz wieder eingenommen. Und auch manches andere Werk findet den Weg langsam wieder zurück in die Gothaer Heimat. Wie in einem Panini-Album werden so hoffentlich bald alle Kunstwerke wieder im Original ergänzt werden können. So hat jüngst auch ein Rubens eine spektakuläre Rückführung erlebt und seinen Weg glücklich zurück an die blaue Wand im Herzoglichen Museum gefunden.

TIPP
Die Magie des ältesten englischen Gartens außerhalb Großbritanniens im Schlosspark erleben.

Zu unterschiedlichen Zeiten waren jene, die auf dem Friedenstein residierten, die Vordenker, die Wegbereiter und auch Vorbild, in ihrer Weise die Welt zu sehen und zu gestalten. Immer am Puls der Zeit sammelten sie nach eigenem Gusto und Interesse, aber nah an dem, was gerade en vogue war. Somit war die Sammlung immer auf Weltniveau – von Cranach über Rembrandt, van Dyck, Holbein und Caspar David Friedrich bis zu ägyptischen Mumien und japanischen Lackkästchen von ausgesuchter Qualität. Alfred I., Sohn von Queen Victoria, hatte sie einst vom japanischen Kaiser geschenkt bekommen. Heute sind sie im modern interpretierten barocken Ambiente zu sehen. Ein Augenschmaus.

- Herzogliches Museum Gotha, Schlossplatz 2, 99867 Gotha, Tel. (0 36 21) 8 23 40
stiftung-friedenstein.de
- ÖPNV: Haltestelle Herzogliches Museum

Rattern und Schnattern

Draisinenfahrt in Lengenfeld unterm Stein

Das historische Viadukt, das den ganzen Ort Lengenfeld unterm Stein in 23 Metern überspannt, gehört zu einer inzwischen stillgelegten Eisenbahnstrecke. Still geworden ist es dort jedoch nicht. Der Abschnitt gehört zur teilweise restaurierten sogenannten Kanonenbahn zwischen Berlin und Metz aus dem 19. Jahrhundert. Sie schlängelt sich durch eindrücklich schöne Landschaft, Berge und Täler, über die Frieda und Lutter hinweg. Wer diese Strecke mit der Erlebnisdraisine passiert, kann sich beim Überfahren des Eisenbahnviadukts an einem imposanten Ausblick begeistern. Der ehemalige Bahnhof des Städtchens ist heute Startpunkt eines Draisinenbetriebs.

Ja, es rattert ein bisschen. Und ja, es braucht wenigstens zwei Motivierte, die in die Pedale der Fahrraddraisinen treten. Aber ja, eine Draisinenfahrt verspricht reichlich Spaß und ein bisschen Abenteuer und Geselligkeit. Allein kommt man nicht weit. Ist man mindestens zu dritt, kann man sich abwechseln. Teamgeist gehört also dazu. Hinten ist Platz, um die Mitfahrt zu genießen und für Proviantnachschub zu sorgen. Vorne wird klimafreundlich pedaliert. Da die Draisinen dem Schienenverlauf durch die Landschaft folgen, muss man nicht lenken und kann sich bequem unterhalten und zusammen ein nicht alltägliches Vergnügen erleben. Auf der Hinfahrt geht es leicht aufwärts über die Dächer des Ortes. Dann führt der Schienenweg durch den Wald. Hier wird es stiller – abgesehen vom Geschnatter auf dem Fahrzeug. Noch etwas ruhiger wird es meist beim Einfahren in den ersten der sieben Tunnel. Dort ist es nicht nur dunkler, sondern auch kühler. Eine Jacke mitzunehmen, ist also keine schlechte Idee. Der Küllstedter Tunnel ist mit 1530 Metern der längste. Wer in Küllstedt aussteigt und wendet, kann sich noch an einer Erfrischung erbauen. Volle Motivation voraus! Auf dem Rückweg kommt Schwung in das Vergnügen und es geht schlussendlich leicht abwärts über das Viadukt. Noch einmal die Aussicht rühmen und dann beglückt im Ziel eintrudeln.

TIPP

Entlang der historischen Strecke führt auch der Kanonenbahn-Radweg.

- Erlebnis Draisine, Bahnhofstraße 43, 99976 Lengenfeld unterm Stein, Tel. (03 60 27) 7 88 66, erlebnis-draisine.de
- ÖPNV: Haltestelle Lengenfeld/Unterdorf (ca. 300 Meter zu Fuß)

Kunst für alle

Wandgemälde in Gotha-West

Wie eine übergroße für alle erlebbare Galerie unter freiem Himmel präsentiert sich die Humboldtstraße im Neubaugebiet Gotha-West. Fassadenkunst statt Betonwände ist das Motto, für das der aus Gotha stammende Künstler Sokar Uno von der Baugesellschaft Gotha gewonnen wurde. Diese optische Aufwertung ist ein bemerkenswerter Schritt, der zu einer Veränderung der Wohnqualität und des Lebensgefühls führen soll. Muralismus ist eine Form, Kunst kostenlos zu den Menschen zu bringen. Die Stillleben der Vier Jahreszeiten beispielsweise zeigen ein klares und einfaches Motiv: eine üppig gefüllte Blumenvase vor dem Fenster. Das Bild lebt von intensiven Farben und dem atmosphärischen Lichtspiel. Im Bild Winter dringt fahles, helles Licht ins Zimmer, im Sommer gleißender Sonnenschein. Beim Betrachten entfaltet sich ein behagliches Gefühl, ein Gefühl von Zu-Hause-Sein. Das ist nicht unwesentlich für die Menschen, die hier leben und teils aus weit entfernten Erdteilen kommen. Wer möchte sich nicht zu Hause fühlen, dort wo er wohnt.

Den Anfang der Humboldtstraße dekorieren die namensgebenden Brüder Humboldt. Sie sind vertieft in ihre wissenschaftliche Tätigkeit. Hinter ihnen öffnet sich ein Kosmos, der entdeckt, kartiert und erforscht werden möchte. Initiativ zu werden, ins Tun zu kommen, auf Entdeckungsreise zu gehen und Zusammenhänge zu erkennen – das ist Glück. So wie der Genuss. Den Abschluss der Open-Air-Galerie bilden zwei Frauen, die an der Sandsteinbrüstung vor der barocken Orangerie stehen. Durch das Licht- und Farbenspiel kann man die sommerliche Wärme, die das Wandgemälde erfüllt, regelrecht spüren. Das Bild flirrt, die Sonne scheint, ungeachtet grauer Tage.

Öffentliche Kunst lädt immer zum Dialog ein. Der Künstler erschafft eine Welt, verbindet sich emotional mit dem Motiv, stellt – wie Sokar Uno – autobiografische Bezüge her und lässt dann los. Welche Emotionen und Interpretationen anschließend beim Betrachten entstehen, ist eine andere Geschichte.

TIPP

Baden in eindrucksvoller Jugendstilarchitektur bietet das historische Stadtbad Gotha.

● Wandgemälde, Humboldtstraße, 99867 Gotha
bgg-gotha.de/riesen-wandgemaelde-fuer-gotha-west
● ÖPNV: Haltestelle Gadollastraße/Landratsamt

Hin und her, auf und ab

Tischtennisleidenschaft bei Post SV Mühlhausen

Wo Sieg und Niederlage oft nur einen Aufschlag voneinander entfernt sind: Bei den Tischtennis-Bundesligisten erlebt man packende Unterhaltung und eine echte Auszeit vom Alltag – und ist glücklich. Von außen ist die denkmalgeschützte Halle eher unscheinbar, im Inneren spielt sich sportliche Weltklasse ab. Die kleine, lichtdurchflutete Tischtennishalle ist ein Schatzkästchen. Gänsehautstimmung garantiert! Egal, wo man sitzt, man ist immer mittendrin. Die Nähe zum Spielfeld ermöglicht Tischtennis zum Anfassen, und die Energie der Fans überträgt sich direkt auf die Spieler. Die Faszination des Tischtennissports liegt nicht zuletzt in den Details: Die unglaubliche Rotation, der Spin und der Schnitt, die in den kleinen weißen Tischtennisball gelegt werden können, lassen einen staunen. Wer einmal versucht hat, den Aufschlag eines Profis anzunehmen, weiß das … Keine Chance! Tischtennis ist wie Highspeed-Schach, bei dem man Züge vorausahnen und sofort auf den nächsten Rückschlag reagieren muss. Die Sportart verlangt höchste Reaktionsgeschwindigkeit und athletische Fitness. Fulminante Führungswechsel, enge Matches und taktische Raffinessen – das Spiel ist wie eine Achterbahn des Lebens. Die Vielfalt der Partien, die oftmals bis zum letzten Punkt spannend bleiben, sorgt für Adrenalinkicks und ein intensives Spielerlebnis. Die Heimmannschaft um den Franzosen Irvin Bertrand, den Rumänen und Publikumsliebling Ovidiu Ionescu, den österreichischen Kapitän Daniel Habesohn und den Deutschen Steffen Mengel unter der Leitung von Chef-Trainer Erik Schreyer hat Mühlhausen zu einer Hochburg des Tischtennissports werden lassen. Dass der Traditionsverein in Mühlhausen etwas Besonderes ist, hat sich bereits bis nach China, dem Mutterland des Tischtennis, herumgesprochen. Anders ist es kaum zu erklären, dass sich zwei Topspieler, notiert auf Platz zwei und sieben der Weltrangliste und beide Teil der chinesischen Nationalmannschaft, in Mühlhausen verpflichten ließen. „Ab geht die Post!“

TIPP

Die Ausstellung zur beeindruckenden Stadtgeschichte im Kulturhistorischen Museum gegenüber besuchen.

● Post SV Mühlhausen 1951 e. V., Kristanplatz 10, 99974 Mühlhausen, Tel. (0 36 01) 40 20, post-muehlhausen.de
● ÖPNV: Haltestelle Lindenbühl (ca. 150 Meter zu Fuß)

IKK classic
Ihre Gesundheit. Unser Handwerk.
LS ELEKTROTECHNIK GMBH & CO. KG
Tel. 03601 46 95-0
Friedensstr. 162, 99974 Mühlhausen
AUTO
KFZ-Meisterbetrieb
Sebastian Pach
TTM
Wir engagiere
für die Re
Essengeld.de
HARALD ZANKER
PIXO
FOTO | VIDEO | WEB | LIVE
VOR DEM GENUSS KOMMT DER TOPSPIN.
MÜHLHÄUSER
RECHTSA
Rumpelgass
Tel.: 0361/262165
TRIBÜNE
WEST
MÜHLHÄUSER
Pflaumenmus
Seit 1908
MÜHLHÄUSER
... schmeckt
ThermoFlux
Klima- & Heiztechnik
Federn
FAHRZEUGTEILE
Der Energieparkentwickler
UKA
JOOLA
Oßwald

Angenommen werden

Das Kloster auf Zeit in Volkenroda

Der Ort mit der letzten Postleitzahl Deutschlands überrascht mit Buntheit und Freiraum. Was soll man bei einem so vielfältigen Ort wie dem Kloster Volkenroda als besonders beglückend herausstellen? Das hübsche Hofcafé mit Waffeln, Würfeln und Waschbären, das zum gemeinsamen Spielen, Genießen und Entdecken einlädt? Den Schulbauernhof, der Kindern die Möglichkeit bietet, Tieren ganz nah zu sein, sich zu kümmern und so selbst Verantwortung für die Schöpfung zu übernehmen? Den monatlichen Bauernmarkt, auf dem Regionales und Saisonales rund um Haus, Hof und Garten bis hin zu Hühnern angeboten wird? Das Jugendbildungszentrum, das die Generationen von morgen in ihrer Persönlichkeitsbildung begleitet? Hier werden ökologische, religiöse oder musikalische Workshops und Kinderfreizeiten angeboten. Den wunderschönen Meditationsweg mit seiner Einladung zu Achtsamkeit und Selbstfürsorge? Oder den neu entstandenen Stilleweg, der unerwartet in eine kleine Wildnis und zu den eigenen inneren Regungen führt? Das offene Atelier, wo freies Arbeiten und Gestalten mit Holz ermöglicht wird? Die reichhaltige Palette der Konzerte, Lesungen, Ausstellungen und anderen Ausdrucksformen junger experimenteller Kunst, die hier einen beeindruckenden Rahmen bekommen?

TIPP

In der Wohnscheune gleich nebenan ist das Musikatelier der Instrumentenbauerfamilie Thoß zu finden.

Womöglich ist das Kloster auf Zeit eine Gelegenheit, all das in Ruhe für sich zu entdecken. Wer einen Rückzugsort sucht, kann in einem der Wiesenanhänger oder Tiny Houses im Klostergarten oder aber im Gästehaus für eine Woche, mehrere Monate oder länger eine Auszeit finden. Die kraftvolle Symbiose aus Tradition und Moderne, die sich in der Architektur, aber auch in der Haltung der inspirierenden und offenen Menschen der Kommunität wiederfindet, kann so im Rhythmus des Klosters der Seele Kraft schenken. Jeder ist willkommen. Im Kloster Volkenroda ist das keine Floskel, sondern der Geist, mit dem Gästen und dem Leben selbst begegnet wird. „Die Tür steht offen, das Herz noch mehr."

- Kloster Volkenroda, Amtshof 3, 99998 Volkenroda, Tel. (03 60 25) 55 90
kloster-volkenroda.de
- ÖPNV: Haltestelle Volkenroda/Körner

Bereich
Kloster auf Zeit
KLAUSUR

Fluffiges Festival

Das Open Flair in Eschwege

Ein buntes Miteinander aus Musik, Kunst und Gemeinschaft macht das Open Flair in Eschwege jedes Jahr zu einem besonderen Erlebnis. Zwischen Campingplatz, See, Innenstadt und Schlosspark sowie auf der Werra-Flussinsel Werdchen gibt es ganze fünf Tage niveauvolle Unterhaltung in einer unglaublich entspannten Party-Atmosphäre. Mit zahlreichen Bühnen und einem ideenreichen Kinderprogramm bietet es eine breite Palette an Rockmusik und Indie, Poetryslam und Kleinkunst – und viel Spaß. Kein Wunder also, dass die Tickets immer schnell vergriffen sind. Ursprünglich als Plattform für regionale Künstler gedacht, treten heute so große Namen wie Die Ärzte, Beatsteaks, Die Toten Hosen, Sportfreunde Stiller und Peter Fox hier auf. The Offspring, Clueso und AnnenMayKantereit oder Die Fantastischen Vier waren schon dabei. Die Liste ließe sich endlos verlängern! Mit rund 120 Auftritten pro Jahr gibt es für jeden Geschmack etwas zu entdecken.

Das Musikfestival lebt von den vielen engagierten Helfern – über 2000 Ehrenamtliche ermöglichen, dass alles wunderbar funktioniert. Ihre Begeisterung ist spürbar und trägt zur lockeren Stimmung bei, die das Open Flair so besonders macht. Neben den musikalischen Highlights gibt es viele kleine Überraschungen zu entdecken und für das leibliche Wohl wird ziemlich umfassend gesorgt: Wake Up Yoga sorgt für Selfcare nach einer kurzen Nacht im Zelt, aber es gibt auch Thai-Massagen neben regionalen Wurstspezialitäten und hausgemachten Burgern. Schon mal Bieryoga ausprobiert? Klingt verrückt? Ist es auch! Wie manches andere, das einem auf der Straße zwischen den verschiedenen Bühnen begegnet. Die Walkacts sind eine echte Spezialität des Festivals: Tänzerinnen in faszinierend illuminierten Kostümen aus Plastikflaschen, zeitreisende Urmenschen auf einem großen Wildschwein, die Orange Lady, die uns auf charmante Weise den Spiegel vorhält. Ein lebendiges Sofa verwickelt in ein flüsterndes Gespräch und der kleinste Taxi-Bus, den es je gegeben hat, entführt … wohin? Überraschung!

TIPP

Am Werratalsee Eschwege lässt es sich auch an allen anderen Tagen im Jahr herrlich chillen.

- Open Flair, 37269 Eschwege, Tel. (0 56 51) 9 61 53
open-flair.de
- ÖPNV: Shuttlebus, Haltestelle Stadtbahnhof oder Campingplatz Open Flair

BRÜCKENSTRASSE
OPEN FLAIR FESTIVAL

Eine fabelhafte Burg

Die Wartburg bei Eisenach

Jeder Raum der berühmten Höhenburg erzählt eine Geschichte, eine, in der sich Legenden und Historisches weidlich mischen. So wie der kleine Festsaal: Er zeugt vom unglaublichen Sängerkrieg von 1206. Die über und über mit Glasmosaik bebilderten Wände der Elisabethkemenate illustrieren die Geschichte der mildtätigen Landgräfin. Die fromme Elisabeth entsagte allen irdischen Reichtümern, um durch Askese und Barmherzigkeit zur Heiligen zu werden. Auch die wunderschönen weißen Pfautauben im Innenhof sollen der Überlieferung nach von ihr aus Ungarn mitgebracht worden sein. Die Lutherstube erinnert an das Wirken Martin Luthers, der hier – vom Papst wegen seiner unverbrüchlichen religiösen Überzeugungen verfolgt – 1521 Zuflucht fand. Man hört seinen Federkiel auf dem Pergament kratzen, sein Räuspern und Husten. Wortgewaltig und volksnah überträgt er das Neue Testament ins Deutsche. Sein Geist scheint noch immer die bescheidene Kammer zu beseelen, die Seiten umzublättern und leidenschaftlich über die rechte Formulierung, die rechte Bedeutung nachzudenken – das vermittelt eine eindrucksvolle Soundinstallation. So teilen sich zwei zutiefst religiöse, aber völlig verschiedene Persönlichkeiten diesen Ort. Das goldene Kreuz auf dem Bergfried möchte deshalb – dem Willen des religiös toleranten Großherzogs Carl Alexander nach – als Zeichen christlicher Einheit verstanden sein. Große Träume waren die treibende Kraft für das Wartburgfest 1817. Aufmüpfige Studenten zogen feiernd den Burgweg hinauf und schwenkten die erste Burschenschaftsfahne, die heute im Festsaal vom langen Weg hin zu bürgerlichen Rechten und Freiheiten zeugt. Der größte und prächtigste Saal des Palas verkörpert die romantische Mittelaltersehnsucht der Goethezeit und des späteren Historismus. Der verfallene Burgkomplex erstand nun neu, wobei verschiedene Konzepte miteinander konkurrierten. Als „ideale Burg", wie sie von der UNESCO betitelt wird, lockt sie heute Glücksuchende aus aller Welt, ihren Geschichten zu lauschen.

TIPP

Vom Haus Hainstein aus genießt man bei einem Glas Wein einen fantastischen Blick auf die Wartburg.

- Wartburg, Auf der Wartburg 1, 99817 Eisenach, Tel. (0 36 91) 25 00
  wartburg.de
- ÖPNV: Haltestelle Wartburg, von hier „Luthershuttle" hinauf zur Burg

Für Paula, Alma & Ludwig

Bibliografische Informationen der Deutschen Nationalbibliothek
Die Deutsche Nationalbibliothek verzeichnet diese Publikation in der Deutschen Nationalbibliografie; detaillierte bibliografische Daten sind im Internet über dnb.d-nb.de abrufbar.

Konzeption/Satz: Droste Verlag, Düsseldorf
Einbandgestaltung und Illustrationen: Britta Rungwerth, Düsseldorf, unter Verwendung von Bildern von © Fotolia.com: jd – photodesign.de; © iStock: Plociennik Robert
Fotos: Antonia und Matthias Schwarzkopf, außer: S. 43: Friederickentherme Bad Langensalza; S. 61: Katrin Vogel; S. 119: Daniela Weißenborn; S. 135: V. Faupel
Textlektorat: Kirsten Witte-Hofmann, Leipzig

Druck und Bindung: LUC GmbH, Greven
ISBN 978-3-7700-2568-8

droste-verlag.de